Charles W. Leadbeater

Der sichtbare und der unsichtbare Mensch

Aquamarin Verlag

13. neu bearbeitete Auflage 2022
© Aquamarin Verlag GmbH
Voglherd 1 • D-85567 Grafing
www.aquamarin-verlag.de

ISBN 978-3-89427-918-9
Druck: Finidr

Inhalt

Verzeichnis der Abbildungen

Vorwort

Das hier vorliegende Werk zählt zu den bedeutendsten und grundlegendsten der gesamten theosophischen Forschung. Nicht umsonst wurden für antiquarische Exemplare, wenn sie überhaupt aufzutreiben waren, höchste Preise bezahlt.

In der ganzen grenzwissenschaftlichen Literatur gibt es kein Buch, das so gründlich und so speziell dieses wichtige Gebiet behandelt. Um es allen Interessenten wieder zugänglich zu machen, haben wir uns entschlossen, eine Neuauflage herauszubringen. Geschultes Denken, beherrschte Phantasie und ein unbefangener Wille sind notwendige Bedingungen zu einem tieferen Verständnis. Es erfordert, wenn es ein Wegweiser höherer Art bleiben soll, bei seinem Studium eine vertiefte Gemütsstimmung und eine andachtsvolle seelische Verfassung. Es verleiht dem Schüler ein ungeheures Wissen und gibt ihm den Schlüssel zu vielen Geheimnissen. Doch Wissen verpflichtet. Das Wissen des Kopfes muss mit der Weisheit des Herzens Hand in Hand gehen.

Das Buch ist veröffentlicht worden, damit dem Schüler ein anschauliches Mittel in die Hand gegeben wird, seine wahre und vergängliche Natur kennen zu lernen, um auf dem Weg der Selbstbeherrschung allmählich zu lernen, sich und seine Fähigkeiten in Harmonie mit dem Unendlichen zu bringen.

Wir hoffen, dass möglichst viele Leser dieses erhabene Ziel erreichen!

Danksagung

Der Verfasser möchte den beiden theosophischen Mitarbeitern,
Graf Maurice Prozor und Gertrude Spink, welche die Illustrationen
dieses Buches vorbereitet haben, seinen herzlichsten Dank ausdrücken.

Der Weg zur Erkenntnis dieser Dinge

Der Mensch ist ein wunderbar zusammengesetztes Wesen, und seine vergangene, gegenwärtige und zukünftige Entwicklung ist ein Studium von beständigem Interesse für alle die, die sehen und verstehen wollen. Durch welche mühseligen Zeitläufe allmählicher Entwicklung er dazu gekommen ist, das zu sein, was er ist, welche Stufe der langen Leiter seines Vorwärtsschreitens er jetzt erreicht hat, welche Möglichkeiten ferneren Fortschrittes der Schleier der Zukunft uns verhüllt, das sind Fragen, denen gegenüber nur wenige gleichgültig sein können – Fragen, die durch alle Zeiten hindurch jeden, der überhaupt nachgedacht hat, beschäftigt haben.

Bei uns im Westen sind viele und verschiedene Antworten darauf gegeben worden, doch es waren entweder dogmatische Behauptungen, die sich auf verschiedene Auslegungen so genannter Offenbarungen gründeten, oder feinsinnige Spekulationen, die in manchen Fällen die Frucht strengen metaphysischen Denkens waren. Die dogmatischen Lehren stützen sich auf eine zweifellos unmögliche Erzählung, während die wissenschaftlichen Spekulationen sich hauptsächlich in materialistischer Richtung bewegen, die Hälfte der Erscheinungen, mit denen wir zu rechnen haben, einfach ignorieren, und bestrebt sind, auch so zu einem befriedigenden Resultat zu gelangen. Weder die Dogmatik noch die Spekulation nähern sich dem Problem von einem praktischen Gesichtspunkt aus. Sie betrachten es nicht als Wissenschaft, die, wie jede andere auch, studiert und erforscht werden kann.

Die theosophische Weltanschauung stützt sich auf ganz andere Grundlagen. Sie unterschätzt die Forschungsergebnisse der Wissenschaft, die durch das Studium der alten Schriften oder durch philosophisches Denken gewonnen werden, keinesfalls. Sie betrachtet aber die Konstitution und die Evolution des Menschen als Probleme, die nicht durch Spekulation oder Hypothesen, sondern nur durch Erkenntnis gelöst werden. Es sind keine unbestimmten Theorien, sondern bestimmte Tatsachen. Ihre Darlegung ist vollkommen klar, denn Vergangenheit, Gegenwart und Zukunft des Menschen können von allen aus erster Hand geprüft werden, die sich die Mühe geben, sich auf dieses Studium einzulassen.[1] So geprüft, erweist sich das menschliche Leben als Teil eines wunderbaren, in sich zusammenhängenden und leicht verständlichen Weltsystems. Es stimmt zwar mit vielen der alten religiösen Lehren überein und erklärt sie, ist aber in keiner Weise von ihnen abhängig. Es kann Schritt für Schritt durch den Gebrauch innerer Fähigkeiten, die zwar bei der Mehrzahl der Menschen nur latent sind, sich aber bei vielen geistigen Suchern bereits zu regen beginnen, als wahr erkannt werden.

Was die Vergangenheit der Geschichte des Menschen anbetrifft, so beruft sich die Theosophie nicht nur auf das gemeinsame Zeugnis der Tradition der früheren Religionen, sondern auf die Untersuchung ganz bestimmter alter Dokumente. Diese Aufzeichnungen können von jedem gesehen und studiert werden, der jenen Grad des Hellsehens besitzt, der erforderlich ist, um die Schwingungen der feinstofflichen Materie wahrzunehmen, in der diese Aufzeichnungen niedergelegt sind. Was die Kenntnis der Zukunft des Menschengeschlechtes betrifft, so stützt sich die theosophische Weltanschauung erstens auf die logische Schlussfolgerung, welche sich aus den bereits erreichten Fortschritte ergibt, zweitens auf die direkte Übermittlung von Menschen, die den – für die meisten von uns noch in mehr oder weniger ferner Zukunft liegenden – Zustand schon jetzt erreicht haben, und drittens auf den Vergleich, den jeder, der den Vorzug hat, sie zu sehen, zwischen hoch entwickelten Menschen auf verschiedenen Entwicklungsstufen machen kann. Wir können uns vorstellen, dass ein Kind, das den Verlauf der Entwicklungsgesetze der Natur noch nicht kennt, aus der bloßen Tatsache, dass es bereits bis zu einem gewissen Grad gewachsen ist und es um sich herum andere Kinder und Jugendliche auf den verschiedensten Wachstumsstufen sieht, folgern wird, dass es ebenfalls zum Mann oder zur Frau heranwachsen wird.

Die Leser der theosophischen Forschungsliteratur betrachten das Studium des jetzigen Zustandes des Menschen, die unmittelbaren Methoden für seine

---

1 Vgl. dazu, Mabel Collins, *Licht auf den Pfad* und H.P. Blavatsky, *Die Stimme der Stille.*

Entwicklung und die Wirkung seiner Gedanken, Gefühle und Taten auf diese Entwicklung als die Betätigung wohl bekannter Gesetze. Um sie aber nun in den Einzelheiten ihres Wirkens zu erfassen, sind sorgfältige Beobachtungen und eine genaue Erforschung gegebener Fälle erforderlich. Es ist in der Tat nur eine Frage des Hellsehens, und wir veröffentlichen dieses Buch erstens in der Hoffnung, dass es ernsthaften Schülern, die diese Fähigkeit noch nicht besitzen, helfen möge zu verstehen, wie die Seele und ihre Hüllen dem Seher tatsächlich erscheinen, und zweitens, damit die zahlreichen Menschen, die jetzt anfangen, das innere Sehen mehr oder weniger vollkommen auszuüben, zum schnelleren Verständnis des Gesehenen gelangen können.

Ich weiß sehr wohl, dass die Welt im Allgemeinen noch gar nicht von der Existenz des Hellsehens überzeugt ist; doch weiß ich auch, dass alle, die diese Frage wirklich studiert haben, unwiderlegliche Beweise dafür gefunden haben. Wir können so bestimmte Behauptungen und Einwände, die gewöhnlich so heftig von denen geäußert werden, die die Frage nicht studiert haben, beiseite lassen. Ich darf wohl wagen zu behaupten, dass ein intelligenter Mensch, wenn er sich die Mühe nimmt, die gut begründeten Darlegungen zu lesen, die ich in meinem Artikel über »Hellsehen« angeführt habe,[2] sofort einsehen wird, dass es eine Menge unumstößlicher Beweise für die Existenz dieser Fähigkeit gibt. Denen, die selbst sehen können und das höhere Hellsehen täglich auf die verschiedenartigste Weise üben, scheint das Leugnen dieser Tatsache durch unwissende Personen geradezu lächerlich. Für den Hellseher ist es nicht der Mühe wert, darüber zu streiten. Wenn ein Blinder zu uns käme mit der Behauptung, dass es gar kein gewöhnliches, physisches Sehen gäbe, und dass wir uns irrten, wenn wir glaubten, eine solche Fähigkeit zu besitzen, dann würden wir wohl kaum viele Worte darüber verlieren, um unsere so genannte Täuschung ihm gegenüber zu verteidigen. Wir würden einfach sagen: Ich weiß, dass ich sehe, und es ist unnütz, mich vom Gegenteil überzeugen zu wollen. Alle täglichen Erfahrungen meines Lebens bestätigen nur, dass ich sehe, und ich weigere mich, mir die sichere Kenntnis positiver Tatsachen bestreiten zu lassen. Genau so ergeht es dem geübten Hellseher, wenn

---

2 Veröffentlicht in: C.W. Leadbeater, Das innere Leben, Bd. II, Grafing 1990, S 171, 185, 190, 226.

Unwissende behaupten, dass er unmöglich eine Kraft besitzen könne, die er in demselben Augenblick ausübt, um die Gedanken eben dieser gescheiten Leute zu erforschen.

Ich will daher in diesem Buch die Existenz des Hellsehens keineswegs beweisen, ich setze sie als erwiesen voraus und beschreibe, was durch diese Fähigkeiten gesehen werden kann. Auch will ich hier nicht die Einzelheiten wiederholen, die ich in dem schon erwähnten Büchlein über die Methoden des Hellsehens anführte, sondern beschränke mich einfach auf eine kurze Darlegung der allgemeinen Grundsätze über diesen Gegenstand, die unumgänglich nötig sind, damit die Anfänger, die noch keine anderen theosophischen Bücher gelesen haben, dieses Buch verstehen können.

II

Die Daseinszustände in der Natur

Um diese allgemeinen Grundsätze angeben zu können, muss ich vorher einige Tatsachen erklären, die durch den Gebrauch eben dieser Fähigkeit entdeckt wurden. Vor allem müssen wir uns über die wunderbare Zusammensetzung der uns umgebenden Welt klar werden – die viel mehr enthält, als wir mit dem physischen Auge wahrnehmen können.

Wir wissen alle, dass die Materie verschiedene Aggregatzustände hat, die durch Druck und Temperaturwechsel verändert werden können. Wir sind mit den drei Zuständen der Materie, dem festen, flüssigen und gasförmigen, wohl bekannt, und die Wissenschaft lehrt, dass alle Stoffe durch Veränderung der Temperatur und des Druckes in diese Zustände gebracht werden können. Ich glaube, dass es noch einige (wenige) Stoffe gibt, die der Chemiker bis jetzt noch nicht von dem einen in den anderen Zustand hat überführen können; aber man glaubt allgemein, dass ebenso wie Wasser bei niedriger Temperatur zu Eis und bei erhöhter zu Dampf wird, so auch jeder uns bekannte feste Stoff unter besonderen Bedingungen flüssig oder gasförmig werden kann. Jeder flüssige kann in einen festen oder gasförmigen, und jeder gasförmige in einen flüssigen oder festen Stoff verwandelt werden.

Die okkulte Chemie[3] kennt noch einen anderen und feineren Zustand als den gasförmigen, in den auch alle uns bekannten Stoff verwandelt und überführt werden können, und diesem Zustand haben wir den Namen »ätherisch« gegeben. Das, was die Wissenschaft als Äther bezeichnet, wird von der okkulten Chemie nicht als homogener Stoff angesehen, sondern einfach als ein anderer Zustand der Materie. Es ist also kein neuer Stoff, sondern gewöhnliche Materie in einem besonderen Zustand. Wir haben z. B. Wasserstoff im

---

3 Vgl.: »Okkulte Chemie« von A. Besant u. C. W. Leadbeater.

ätherischen Zustand, statt im gasförmigen. Man kann Gold, Silber oder irgendein Element in festen, flüssigen oder gasförmigen Stoff verwandeln oder auch in einen noch höheren Zustand, den wir den ätherischen nennen. So wie es in der uns umgebenden Welt Stoffe gibt, die gewöhnlich fest sind, wie das Gold, andere flüssig, wie das Quecksilber, und noch andere gasförmig, wie der Sauerstoff, so gibt es auch Stoffe, die in ihrem Normalzustand ätherisch sind – denen wir gewöhnlich in diesem Zustand begegnen, obgleich sie durch ein besonderes Verfahren in den gasförmigen oder in einen noch höheren Zustand verwandelt werden können.

Die heutige Wissenschaft spricht von Sauerstoff- oder Wasserstoff-Atomen sowie auch von Atomen der sechzig oder siebzig Substanzen[4], die der Chemiker Elemente nennt. In der Theorie heißt nämlich das ein Element, was nicht weiter geteilt werden kann. *Atom* bedeutet im Griechischen *das Unteilbare.* Die esoterische Wissenschaft hat immer gelehrt, was die physische Wissenschaft erst kürzlich anerkannt hat – dass alle diese so genannten Elemente im wahren Sinne des Wortes keine Elemente sind; und dass das, was wir ein Sauerstoff- oder Wasserstoff-Atom nennen, nicht das Letzte ist. Teilt man die Atome noch weiter fort, so gelangt man zuletzt zu einer unendlichen Anzahl bestimmter Teilchen[5]. Daraus folgt, dass sich hinter all den verschiedenen Stoffen eine Ur-Materie befindet, deren letzte Teilchen, wenn sie verschiedene Verbindungen untereinander eingehen, das bilden, was die Chemie Atome des Wasserstoffes, Sauerstoffes, des Goldes oder Silbers, des Lithiums oder Platins usw. nennt. Wenn man sie alle geteilt hat, so kommt man zu kleinsten Teilchen, die teils positiv teils negativ geladen sind.

Das Studium dieser Atome und der Verbindungen, die sie untereinander eingehen können, ist schon an und für sich von packendem Interesse, obgleich es mit unserem Gegenstand nichts zu tun hat. Jene Leser, die sich besonders dafür interessieren, verweisen wir auf Annie Besants Aufsatz über »Okkulte Chemie«, der im November 1895 im »Lucifer«[6] erschien und seitdem in einer Sonderausgabe abgedruckt wurde. Aber selbst diese Atome sind

---

4 Die Zahl liegt heute erheblich höher. (Anm. d. Vlg.)
5 In der neuen Atom-Physik Elektronen genannt (d. Übers.)
6 Engl. theosophische Zeitschrift, erschien später unter dem Namen »Theosophical Review«.

nur vom Standpunkt des physischen Planes Atome zu nennen, d. h. es gibt Methoden, durch die auch diese noch geteilt werden können, doch dann erhalten wir Materie, die einer anderen Existenzebene angehört – Materie, die durch keinen Wärmegrad, den wir erzielen können, ausgedehnt und durch keinen uns bekannten Kältegrad verdichtet werden kann. Doch selbst dieser so überaus feine Stoff ist durchaus nicht einfach, sondern zusammengesetzt und weist eine Reihe eigener Aggregatzustände auf, die ziemlich genau den Zuständen der physischen Materie entsprechen, die wir als fest, flüssig, gasförmig oder ätherisch bezeichnen. Wenn wir unseren Teilungsprozess weit genug fortsetzen, so finden wir ein anderes Atom – das Atom des Naturreiches, dem die theosophische Forschung den Namen »Astralwelt« gegeben hat. Dann kann der ganze Prozess wiederholt werden; denn bei nochmaliger Teilung des Astralatomes gelangen wir zu einer noch höheren und feineren Welt, die jedoch immer noch stofflich ist. Auch hier finden wir Stoff, der in verschiedenen Zuständen existiert und in jenem viel höheren Plan mit den uns bekannten Zuständen übereinstimmt. Das letzte Resultat unserer Nachforschungen führt uns zu einem Atom – dem Atom dieses dritten großen Naturreiches, das die esoterische Wissenschaft die »Mentalwelt« nennt. Somit darf man voraussetzen, dass die Teilbarkeit ohne Grenzen ist, doch gibt es ganz bestimmte Grenzen für unsere Fähigkeit, sie zu beobachten. Aber wir sehen genug, um von der Existenz einer großen Anzahl dieser verschiedenen Reiche überzeugt zu sein, von denen jedes für sich eine Welt bildet, obgleich sie alle wiederum in einem anderen und höheren Sinne Teile eines wunderbar gefügten Ganzen sind.

In der theosophischen Literatur werden diese verschiedenen Naturreiche oft Pläne oder Welten genannt, weil es manchmal nützlich ist, sie sich je nach den verschiedenen Dichtigkeitsgraden des Stoffes, aus dem sie bestehen, übereinander zu denken. Man sieht aus dem Diagramm auf Tafel I, dass sie in dieser Weise gezeichnet sind; doch müssen wir immer daran denken, dass diese Darstellungsweise nur der Bequemlichkeit wegen und als Symbol angenommen wurde und in keiner Weise die wirklichen Beziehungen dieser verschiedenen Pläne wiedergibt. Man darf sie sich nicht übereinander liegend, wie die Fächer eines Bücherständers, vorstellen, sie erfüllen vielmehr ein und denselben Raum und durchdringen sich gegenseitig. Es ist eine von der Wissenschaft vollständig anerkannte Tatsache, dass selbst in der härtesten Materie zwei Atome sich nie berühren. Ein jedes von ihnen hat immer einen gewissen Spielraum, um sich zu bewegen und zu vibrieren, so dass es immer genügend Raum zwischen ihnen findet. Jedes physische Atom schwimmt in einem Meer von Astralmaterie, die es von allen Seiten umgibt und jeden Zwischenraum des physischen Stoffes ausfüllt. Es ist allgemein anerkannt, dass der Äther alle bekannten Substanzen durchdringt, und zwar die dichtesten, festen ebenso wie die feinsten, gasförmigen; und ebenso, wie er sich vollkommen frei zwischen den Teilchen der festeren Materie bewegt, so durchdringt ihn wiederum der Astralstoff und bewegt sich genau frei darin. Der Mentalstoff durchdringt wiederum den Astralstoff in genau derselben Weise. Somit sind diese verschiedenen Daseinspläne keineswegs räumlich voneinander getrennt, sondern alle befinden sich um uns und über uns, hier und überall. Um sie zu sehen und zu erforschen, müssen wir also nicht den Ort wechseln, es genügt, jene Sinne in uns zu entwickeln, mit denen sie wahrgenommen werden können.

III

Hellsehen

Die vorstehende Darlegung führt uns zu einer anderen, sehr wichtigen Betrachtung. Alle Unterschiede der feineren Materie bestehen nicht nur in der Außenwelt, sondern auch im Menschen selbst. Er hat nicht nur den physischen Körper, den wir sehen, sondern enthält in sich noch andere Körper, die sich den verschiedenen Daseinsplänen anpassen, aus deren entsprechenden Stoffen sie bestehen. Im physischen Körper des Menschen befindet sich sowohl der Ätherstoff als auch der feste Stoff, den wir sehen können (siehe Tafel XXIII und XXIV), und dieser Ätherstoff ist für den Hellseher leicht wahrnehmbar. In derselben Weise sieht ein höher entwickelter Hellseher, der die feinere Astralmaterie wahrnehmen kann, den Menschen auf dem Astralplan durch eine Anhäufung von Astralmaterie vertreten, die in Wirklichkeit sein Körper oder seine Hülle ist, die diesem Plan entspricht. Ganz dasselbe findet auf dem Mentalplan statt. Die Seele des Menschen belebt somit nicht nur einen, sondern mehrere Körper, und wenn er genügend entwickelt ist, kann er auf allen diesen Plänen tätig sein. Daher ist er mit einer passenden Hülle von Stoff umgeben, die zu diesen Welten gehört, und durch diese verschiedenen Hüllen ist er fähig, Eindrücke von den Welten zu empfangen, mit denen sie in Beziehung stehen.

Nun müssen wir nicht glauben, der Mensch *erschaffe* sich diese Körper im Laufe seiner zukünftigen Evolutionen. Jeder Mensch besitzt sie von Anfang an, obgleich er sich ihrer Existenz noch nicht bewusst ist. Bis zu einem gewissen Grad benutzen wir diesen höheren Stoff in uns fortwährend, ohne dass wir es wissen. Jedes Mal, wenn wir denken, erregen wir den Mentalstoff in uns, und ein Hellseher nimmt deutlich dessen Schwingungen wahr, wie sie der Mensch zuerst in seinem Inneren hervorruft und wie sie sich dann in dem ihn umgebenden, entsprechend dichten Stoff fortsetzen. Doch bevor dieser

Gedanke auf den physischen Plan wirken kann, muss er seine Schwingungen zuerst dem Astralstoff mitteilen, dieser wiederum muss entsprechende Wellenbewegungen im Äther hervorrufen, der seinerseits wieder den dichteren, physischen Stoff, nämlich die graue Gehirnmasse, erregt.

Somit ist der Gedankenvorgang in uns ein viel längerer, als wir bisher glaubten, auch jede Empfindung macht einen uns ganz unbewussten Prozess durch. So berühren wir z. B. einen Gegenstand, der uns zu heiß erscheint, und ziehen unsere Hand, wie wir glauben, augenblicklich zurück. Doch die Wissenschaft lehrt uns, dass das keineswegs augenblicklich geschieht und nicht die Hand die Hitze fühlt, sondern das Gehirn. Die Nerven teilen diesem den Hitzeeindruck mit, und es telegraphiert durch die Nervenfasern der Hand den Befehl, sich sofort zurückzuziehen. Das Zurückziehen ist also nur die Folge dieses ganzen Vorganges, obwohl uns die Handlung als eine unmittelbare erscheint. Mit genügend feinen Instrumenten kann sogar die Dauer dieser Bewegungen gemessen werden, und sie sind den Neurologen gut bekannt. Ebenso erscheint uns das Denken als ein momentaner Vorgang. Es ist es aber nicht, denn jeder Gedanke muss den eben beschriebenen Weg durchmachen. Jeder Eindruck, den wir durch die Sinne im Gehirn erhalten, muss durch diese verschiedenen Stoffarten hindurch, ehe er zum wahren Menschen, zum Ego, zur inneren Seele gelangen kann.

Wir haben hier eine Art Telegraphensystem zwischen dem physischen Plan und der Seele, und es ist wichtig zu verstehen, dass diese Verbindung mehrere Zwischenstationen hat. Nicht nur von der physischen Welt können Eindrücke empfangen werden, sondern auch vom Astralplan aus. Der Astralstoff im Menschen ist nicht allein fähig, durch Ätherschwingungen bewegt zu werden und diese zu übermitteln, er kann auch sehr wohl Eindrücke seines eigenen Planes dem Mentalstoff mitteilen, der sie dann weitergibt, bis sie zum höheren Ich des Menschen gelangen. Der Mensch kann also seinen Astralleib dazu gebrauchen, Eindrücke aus der Astralwelt aufzunehmen und dort Beobachtungen zu machen. Ebenso kann ihm sein Mentalkörper zu Eindrücken und Beobachtungen auf dem Mentalplan dienlich sein. Um aber zu solcher höheren Tätigkeit zu gelangen, muss er lernen, sein Bewusstsein dahin zu überführen und es dort zu sammeln, ganz in derselben Weise, wie wir hier auf dem physischen Plan unser Bewusstsein im Gehirn konzentrieren. Ich habe diesen Gegenstand ausführlicher in meinem Buch »Das Innere Leben« behandelt, so dass ich hier nur darauf hinzuweisen brauche.

Obgleich die Wissenschaft diese Verschiedenheit der Welten in der Natur noch nicht anerkannt hat, so widersprechen diese Theorien doch keinesfalls ihren Lehren. Für die, welche die Fähigkeit haben, alles das wahrzunehmen, ist es Gegenstand direkter Kenntnis und somit völlige Gewissheit, während es der heutigen und der akademischen Naturwissenschaft nur als Hypothese erscheinen mag. Deshalb verlangen wir durchaus nicht blinden Wunderglauben von denen, die zum ersten Mal davon hören, sondern fordern sie einfach zur Erforschung dieses Systems auf. Die höheren Grade der Materie können logischerweise aus den uns bekannten gefolgert werden, und jeder Plan bildet in gewissem Sinne eine Welt für sich, ist jedoch wiederum nur ein Glied in der einen großen, allumfassenden Welt, die in ihrem Zusammenhang nur von einer hoch entwickelten Seele erschaut werden kann.

Ein Beispiel, das an sich zwar unmöglich ist, wird vielleicht unserem Verständnis des Hellsehens zu Hilfe kommen und uns dessen Möglichkeit zeigen. Nehmen wir an, dass unser Auge ganz anders beschaffen wäre. In ihm sind sowohl feste, als auch flüssige Stoffe vertreten. Nehmen wir nun die Möglichkeit an, dass jede Materieart ihre Eindrücke getrennt empfangen würde, und zwar nur von dem Stoff der Außenwelt, aus dem sie besteht; nehmen wir nun ferner an, dass einige Menschen die eine Art des Sehens hätten, während andere über die zweite Art verfügten. Wie sonderlich einseitig wären dann die Weltanschauungen dieser Leute! Stellen wir uns vor, sie ständen am Meeresufer. Jene, die nur festen Stoff sehen können, würden nichts vom Meer wahrnehmen, sähen aber dafür den Meeresgrund mit allen seinen Unebenheiten, sie sähen Fische und andere Wassertiere über diesem Tal schwebend. Die Wolken am Himmel wären für sie unsichtbar, da sie ja aus Wasserdunst bestehen, für sie schiene die Sonne ununterbrochen, und sie könnten sich keine Rechenschaft darüber geben, warum die Wärmewirkung an einem wolkigen Tag verringert würde. Ein Glas mit Wasser wäre für sie völlig leer.

Was würde nun zum Unterschied der Mann, dessen Auge nur Flüssiges sehen kann, wahrnehmen? Das Meer sieht dieser wohl recht gut, aber nicht die Ufer und die Felsenriffe; die Wolken kann er ebenfalls deutlich sehen, aber fast nichts von der Landschaft, über der sie schweben. Bei einem Glas mit Wasser nimmt er nur den Inhalt wahr und nicht das Gefäß und würde nicht verstehen, warum das Wasser eine Form annimmt und bewahrt, die ihm das unsichtbare Glas gibt. Denken wir uns nun diese Leute nebeneinander stehend, und jeder von ihnen beschriebe, was er sähe, mit der festen Überzeugung, dass es keine andere Art des Sehens gäbe als die seinige, und dass jeder, der vorgibt, etwas mehr oder etwas anderes zu sehen, als ein Betrüger oder Schwärmer zu betrachten sei.

Wir belächeln natürlich die Ungläubigkeit dieser von uns selbst erdachten Beobachter; und doch geht es den gewöhnlichen Menschen ganz ebenso wie jenen, denn es fällt ihnen sehr schwer zu begreifen, dass im Verhältnis zu dem, was gesehen werden kann, ihre Augen viel unvollkommener sind als die Augen der von uns vorausgesetzten Beobachter. Der Durchschnittsmensch glaubt gleich jenen, dass alle, die etwas mehr sehen, als er selbst, Phantasten sein müssten, die Eingebildetes für Wirklichkeit halten. Es ist ein weit verbreiteter Irrtum zu glauben, dass die Grenze unserer Wahrnehmung überhaupt die Grenze aller Wahrnehmungen ist. Doch gibt es unumstößliche, wissenschaftliche Beweise, die darlegen, dass die Zahl der Vibrationen, die durch Auge und Ohr aufnehmbar sind, im Vergleich zum Ganzen unendlich gering ist. Dieses ist eine unantastbare Tatsache. Der Hellseher ist einfach ein Mensch, der die Fähigkeit entwickelt hat, eine Oktave mehr aus der Tonleiter der unendlichen Schwingungen, die uns umgeben, wahrzunehmen, und das befähigt ihn, mehr zu sehen und zu wissen als jene, deren Sehkraft nur auf den physischen Plan beschränkt ist.

IV

Die Körper des Menschen

Auf Tafel I finden wir eine Darstellung dieser Daseinspläne, die uns auch die Namen der verschiedenen Vehikel oder Körper des Menschen nennt, die diesen Plänen entsprechen. Man wird da bemerken, dass die Namen für die höheren Pläne dem Sanskrit entstammen, denn in der Philosophie des Westens haben wir noch keine Ausdrücke für diese aus feineren Stoffen bestehenden Welten. Jeder dieser Namen hat seine besondere Bedeutung, obgleich die Bezeichnung dieser höheren Pläne andeutet, wie wenig wir von diesen Zuständen wissen.

Mit Nirvana hat man im Osten durch lange Zeiträume hindurch den höchsten geistigen Bewusstseinszustand bezeichnet. In »Nirvana einzugehen«, heißt über alles Menschliche hinauszuwachsen und einen Grad von Frieden und Seligkeit zu erlangen, der über alle irdischen Begriffe erhaben ist. Alles Irdische liegt hinter dem, der diese unbeschreibliche Herrlichkeit erreicht hat, so weit zurück, dass einige europäische Orientalisten dem Irrtum anheimfielen, zu glauben, es bedeute die völlige Vernichtung des Menschen – eine Vorstellung, die der Wahrheit vollständig zuwiderläuft. Den vollen Besitz dieses erhabenen Bewusstseins, das dem höchsten geistigen Zustand entspricht, zu erlangen, heißt, das für die menschliche Evolution bestimmte Ziel erreicht zu haben – heißt ein Meister zu werden, ein Mensch, der mehr als Mensch ist. Die weitaus größte Zahl der Menschheit wird diesen Entwicklungsgrad erst nach langen Kreisläufen erreichen, doch die wenigen entschlossenen Seelen, die sich durch keine Schwierigkeit aufhalten lassen, die sozusagen dem Himmel Gewalt antun, können dieses herrliche Los viel rascher erlangen.

Von den Bewusstseinszuständen innerhalb des Nirvana wissen wir natürlich nichts, höchstens so viel, dass sie existieren. »Para« heißt »über« und »Maha« heißt »groß«, so dass diese Namen nur bedeuten: Der Plan über Nir-

21

vana und der große Plan über Nirvana. Daraus ersieht man, dass die, die vor undenklichen Zeiten diese Namen wählten, entweder so wenig wie wir davon wussten oder daran verzweifelten, passende Worte zu finden. Der Name Buddhi bezeichnet den Körper des Menschen, der fähig ist, sich im Stoff des vierten Planes zu betätigen, während der dritte, der Mentalplan, nur das Tätigkeitsfeld des menschlichen Verstandes ist. Man wird bemerken, dass dieser Plan in zwei Teile geteilt ist, die durch verschiedene Farben gekennzeichnet sind und »rupa« und »arupa« genannt werden, was »mit Form versehen« und »formlos« bedeutet. Diese Namen bezeichnen gewisse Eigenschaften dieses Planes; in dem niederen Teil nimmt der Stoff nämlich sehr leicht durch unsere Gedanken bestimmte Formen an, während in der höheren Mentalwelt die abstrakten Gedanken nur als Ausstrahlungen oder Strömungen sich dem Auge des Hellsehers kenntlich machen. Eine genauere Besprechung dieses Gegenstandes findet man auch in dem Buch »Gedankenformen«,[7] wo einige interessante Figuren abgebildet sind, die durch die Wirkung der Gedanken und Empfindungen hervorgerufen werden.

Den Namen »Astral« übernahmen wir von den Alchemisten des Mittelalters. Er bedeutet »sternartig« und wurde jedenfalls deshalb dieser Materie, die der physischen am nächsten liegt, beigelegt, weil sie durch die viel rascheren Schwingungen leuchtend erscheint. Der Astralplan ist die Welt der Leidenschaften, Empfindungen und Gefühle, und der hellsehende Forscher kann sie alle im Astralkörper des Menschen beobachten. Dieser Körper befindet sich wegen des Wechsels der Empfindungen in steter Veränderung, wie wir es sogleich ausführlicher beschreiben werden.

In der theosophischen Literatur hat man gewisse Farben angenommen, um die niederen Pläne zu bezeichnen. Sie sind der Farbentafel, die H.P. Blavatsky in der »Geheimlehre«[8] zuerst aufstellte, entnommen. Doch muss dabei bemerkt werden, dass es nur Unterscheidungszeichen und Symbole sind, die durchaus nicht anzeigen sollen, welche Farbe in einem Plan vorherrschend ist. Es existieren alle uns bekannten und einige jetzt noch unbekannte Farbtö-

---

7   A. Besant und C. W. Leadbeater, »Gedankenformen«, mit 58 Illustrationen, Grafing 2004
8   »Die Geheimlehre«. Erste deutsche Gesamtausgabe. 4 Bde., Leipzig o. J.
     »Die Geheimlehre«, Studienausgabe, hrsg. Von H. Troemel, Grafing 2003

ne auf einem jeden dieser Pläne, doch je höher man emporsteigt, desto feiner und leuchtender werden sie, so dass man sehr wohl annehmen darf, es seien höhere Oktaven der Farbskala. Wie man später sehen wird, haben wir den Versuch unternommen, diese der Darstellung der verschiedenen Körper des Menschen anzupassen.

Es gibt also sieben Pläne, und jeder kann wieder in sieben Abteilungen geteilt werden. Die Siebenzahl ist von jeher als esoterisch und heilig angesehen worden, weil sie der Offenbarungswelt überall zugrunde liegt. In den niederen Plänen, die unserer Erforschung zugänglich sind, ist diese Einteilung sehr deutlich erkennbar, und dies alles lässt uns voraussetzen, dass es sich ebenso auf den höheren Plänen verhält, die sich jetzt noch unserer Beobachtung entziehen, da die Bedingungen dort verschieden sind.

Wenn jemand beginnt, in den höheren Welten tätig zu sein, so findet er, dass die Grenzen des niederen Lebens allmählich überwunden werden und eine nach der anderen verschwinden, dann befindet er sich in einer Welt, die mehr als die drei bekannten Dimensionen hat. Diese Tatsache allein öffnet gänzlich neuen Möglichkeiten die Tür, die nach den verschiedensten Richtungen hin wirken. Das Studium dieser Dimensionen ist höchst anregend und interessant. Um einen genauen Einblick in die höheren Welten zu erlangen, gibt es kein besseres Mittel als die Anerkennung der vierten Dimension.

Es ist jetzt nicht meine Aufgabe, hier zu beschreiben, was durch die wunderbare Erweiterung des Bewusstseins auf diesem Plan erlangt wird – ich habe das bereits in einem anderen Buch getan. Hier haben wir es nur mit dem Teil der Forschung zu tun, die den Menschen und seine Konstitution betrifft und uns zeigt, wie er zu dem geworden ist, was er ist. Die Geschichte seiner bisherigen Entwicklung ist in ganz wunderbaren Aufzeichnungen niedergelegt. Diese unauslöschlichen Aufzeichnungen der Vergangenheit des Weltalls, die alles aufbewahren, was geschah, seit das Sonnensystem sein Dasein begann, können uns zugänglich gemacht werden. Sie können auftauchen und sich vor dem Auge des Geistes aufrollen, so dass der Beobachter alles so genau sieht, als wäre er damals zugegen gewesen, als es geschah, mit dem ungeheuren Vorteil, dass er jede einzelne Szene nach Belieben festhalten und wiederum ganze Jahrhunderte in einigen Augenblicken vorbeiziehen lassen kann. Dieses wunderbare Spiegelbild des universellen Gedächtnisses kann nur vom Mentalplan mit einiger Sicherheit aus befragt werden. Um also in der Geschichte der Urzeiten zu lesen, muss der Forscher wenigstens die Sinne seines Mentalkörpers vollkommen in seiner Gewalt haben, ist er aber so glücklich, auch den Kausalkörper seinem Willen gehorsam gemacht zu haben, dann wird die Aufgabe um so leichter.

V

Die Dreieinigkeit

Wir müssen nun zu verstehen suchen, auf welche Weise der Mensch inmitten dieses wunderbaren Systems der Naturpläne ins Dasein kam, und dazu müssen wir einen Abstecher in die Theologie machen, obgleich wir in der Theologie, die uns interessiert, nichts mit frommen Meinungen und Spekulationen zu tun haben, sondern nur mit für uns bewiesenen, wissenschaftlichen Tatsachen. Was also erfahren wir beim Studium der erwähnten esoterischen Aufzeichnungen, die vom Ursprung des Menschen handeln?

Wir finden dort, dass der Mensch das Resultat des wohl durchdachten und schönen Evolutionsplanes ist und sich in ihm drei Ströme göttlichen Lebens vereinen.

Eine der heiligen Schriften der Welt sagt uns, Gott habe den Menschen zu seinem Ebenbild erschaffen – ein Ausspruch, der eine tiefe geistige Wahrheit ausdrückt, wenn er richtig verstanden wird. Alle Religionen stimmen darin überein, dass die Gottheit in ihrer Offenbarung dreifach ist, und wir werden sehen, dass die Seele des Menschen auch dreifach ist und eine innige Verbindung zwischen diesen beiden Tatsachen besteht.

Man muss natürlich verstehen, dass wir jetzt nicht von dem Absoluten, dem Höchsten und Unendlichen reden wollen (wir können ja von Ihm nichts wissen, als dass Er ist); wir reden vielmehr von der herrlichen Offenbarung, welche die leitende Kraft oder die Gottheit unseres Sonnensystems ist – die in den theosophischen Schriften der Logos unseres Systems genannt wird. Wahr ist gewiss alles Gute, das je von ihm ausgesagt wurde, doch nur das Gute, denn heutzutage hören wir sehr viel Negatives, das man ihm zuschreibt. Oft wagen es die, die vorgeben, ihn anzubeten, ihm ihre eigenen Laster aufzubürden und nennen ihn in gotteslästerlicher Weise eifersüchtig, zornig, rachsüchtig und grausam. Solche abscheuliche Gotteslästerung kann man wohl noch bei einem Menschen entschuldigen, der den Begriff der Macht nicht anders zu fassen vermag, als im Verein mit Grausamkeit und Blutdurst; doch es gibt gar keinen Entschuldigungsgrund dafür bei Menschen, die sich zivilisiert nennen. Diese begehen ein Verbrechen, wenn sie den Quell aller Güte derart verleumden, und die Folgen davon sind schwer zu ermessen. Doch alles Gute, was von Gott ausgesagt wird – Liebe, Weisheit, Geduld, Mitleid, Allwissenheit, Allgegenwart und Allmacht – all das und mehr noch ist wahr für den Logos unseres Sonnensystems, in dem wir in Wahrheit leben, uns bewegen und unser Dasein haben. Hier möge festgestellt werden, dass die theosophischen Ideen dieses nicht nur als fromme Ansicht vertreten oder als Glaubensartikel aufstellen, sondern für den Hellseher ist diese allgegenwärtige heilige Macht eine unumstößliche Wahrheit – nicht weil es einem menschlichen Wesen je vergönnt ist, ihn zu sehen, sondern weil unbestreitbare Beweise seines Daseins und seiner Tätigkeit uns überall umgeben, wenn wir das Leben der höheren Pläne studieren.

In der Weise, wie er sich uns in seinen Werken zeigt, ist der Logos unseres Sonnensystems dreieinig – »drei und doch eins«, so wie es uns die Religion von altersher überliefert hat. Vieles scheint anfangs ganz unwahrscheinlich, wenn man diese alten religiösen Begriffe hört; aber vom Licht der theosophischen Erkenntnis beleuchtet, sieht man, dass das Ganze eine wunderbar genaue und sehr schöne Erklärung der Wahrheit ist, obgleich zu gewissen Zeiten ganz materialistische Vorstellungen damit verbunden wurden. Die Wahrheit und Schönheit des Athanasianischen Glaubensbekenntnisses wird uns erst klar, wenn wir es Satz für Satz mit den hier angegebenen esoterischen Diagrammen vergleichen.

Es ist natürlich unmöglich, diese göttliche Offenbarung in irgendeiner Weise bildlich darzustellen, da sie ja alle unsere Vorstellungen und Begriffe weitaus übersteigt, doch ein wenig seiner Wirksamkeit kann uns durch einfache Symbole begreiflich gemacht werden, wie sie Tafel I zeigt. Hier ist die Offenbarung unseres Logos auf dem siebten und höchsten Plan durch drei Kreise dargestellt, die seine drei Aspekte veranschaulichen. Jeder dieser Aspekte scheint seine eigene Eigenschaft und seine eigene Kraft zu haben. Im ersten Aspekt gibt er sich auf keinem anderen Plan kund als nur auf dem höchsten, doch im zweiten dehnt er sein Wirken auf den sechsten Plan aus, und indem er sich mit dem Stoff dieses Planes umgibt, bildet er sich eine getrennte und niedere Ausdrucksform seiner selbst. Im dritten Aspekt steigt er bis zum oberen Teil des fünften Planes hinab, umgibt sich mit dessen Stoff und bildet so eine dritte Manifestation. Somit sieht man, dass diese drei Offenbarungen auf ihren entsprechenden Plänen drei gesonderte Aspekte darstellen. Wir brauchen jedoch nur die punktierten Linien zu verfolgen, um zu sehen, dass diese scheinbar getrennten Ausdrucksweisen im Grunde nur verschiedene Gesichtspunkte des Einen sind. Geschieht das auf jedem Plan gesondert, so können wir sie als »Personen« ansehen, die in der Diagonale keine Verbindung untereinander haben; doch senkrecht verbunden, hängt jede mit sich selbst auf dem Plan zusammen, wo die Drei Eins sind. Wir sehen also, dass die Behauptung der Kirche vollständig wahr ist, dass »wir einen Gott in der Dreieinigkeit anbeten, die Dreieinigkeit in der Einheit, weder die ›Personen‹ vermischend, noch die Substanz teilend«, d. h. unser Verstand soll nicht die dreifache Wirksamkeit, wie sie gesondert auf jedem Plan auftritt, zusammenwerfen, doch auch nie, selbst nicht für einen Augenblick, die ewige Substanz-Einheit vergessen, die hinter allen Offenbarungen auf dem höchsten Plan liegt.

Es ist lehrreich, hier die wahre Bedeutung des Wortes »Person« genau zu verstehen. Es ist aus den zwei lateinischen Worten *per* und *sona* zusammengesetzt und heißt also »durch das der Ton kommt«. Der Begriff wurde für die Maske des Schauspielers gebraucht, die anzeigte, welche Rolle er gerade spielte. Somit gebrauchen wir das Wort ganz richtig, wenn wir die niederen Hüllen, welche die Seele bei ihrer Inkarnation annimmt, als »Persönlichkeit« bezeichnen.

Dieses führt uns auch zum Verständnis des Satzes: »Es ist eine Person des Vaters, eine andere des Sohnes und eine andere des Heiligen Geistes, aber die Gottheit des Vaters, des Sohnes und des Heiligen Geistes ist Eine, die Herrlichkeit und Majestät in gleicher Weise ewig.« Da die Offenbarungen getrennt sind und sich auf verschiedenen Plänen darstellen, so scheint die eine niedriger zu sein als die andere, aber wir brauchen nur zum siebten Plan hinaufzuschauen, um zu begreifen, dass: »In dieser Dreieinigkeit ist keiner vor oder hinter dem anderen, keiner höher oder niedriger, sondern alle drei Personen sind gleich ewig und völlig gleich.« Ferner auch: »Jede Person ist selbst der Herr und Gott, und doch sind nicht drei Herren, sondern nur ein Herr.«

Nun erklären sich auch sehr wohl einige Ausdrücke, die auf die zweite Offenbarung angewandt werden und auf sein Herabsteigen in die Materie. Wie wir auf Tafel II [9] sehen werden, gibt es dafür eine weit tiefere Bedeutung, doch was für dieses größere Herabsteigen wahr ist, ist es auch für den zweiten Aspekt. Wenn wir uns die zweite Offenbarung, auf dem höheren Plan, als die Gottheit denken, durch die die ganze Materie beseelt wird, die für ihn eine niedere, jedoch unserem Erkenntnisvermögen noch unerreichbar ist, dann sehen wir ein, er ist »wahrhaft Gott aus der Substanz des Vaters, von der Welt erzeugt und zugleich Mensch, von der Substanz der Mutter in dieser Welt geboren«. Denn als Aspekt der Gottheit existierte er vor unserem Sonnensystem, aber seine Offenbarung im Stoff des sechsten Planes fand während der Dauer des Sonnensystems statt.

So auch: »Obgleich er Gott und Mensch ist, so ist er doch nicht zwei, sondern ein Christus, nicht weil die Gottheit Fleisch ward, sondern weil die Menschheit zu Gott erhöht wurde.« Er ist eins, nicht nur auf Grund der Ur-Einheit, sondern auch wegen der herrlichen Fähigkeit, alles in sich aufzunehmen, was durch das Niedersteigen in die Materie erlangt werden kann. Das bezieht sich aber mehr auf das kosmische Herabsteigen, das uns Tafel II zeigt. Das größte Schisma, das sich je in der christlichen Kirche zutrug, war die Trennung der östlichen (griechischen) von der westlichen (römischen) Kirche. Obgleich hier gewiss auch politische und finanzielle Gründe mitwirkten, so lag doch der vorgeschützte Grund darin, dass im Konzil zu Toledo, im Jahre 589, die Wahrheit vorgeblich durch das Einschieben des »filioque« in das Glaubensbekenntnis arg geschädigt wurde.

Der streitige Punkt war, ob der Heilige Geist vom Vater allein oder auch vom Sohn ausgehe – eine Streitfrage, deren Lösung weder der Welt praktisch nützte noch dem menschlichen Wissen nahe liegt. Es wäre darum weit besser gewesen, beide Parteien hätten ihn um des lieben Friedens willen beiseite ge-

---

9 Wir haben der II. deutschen Auflage eine Darstellung der drei Lebenswellen von C. Jinarajadasa hinzugefügt, die wir seinem Werk »Die ersten Grundlagen der Theosophie« entnahmen. Siehe Tafel II a. (D. H.)

lassen. Aber es scheint, dass es sich bei theologischen Zänkereien nur darum handelt, die Allgegenwart des Seins immer mehr durch luziferische und ahrimanische Verdunkelung der Seelen in Frage zu stellen. Unsere Abbildung zeigt uns deutlich den streitigen Punkt, und sonderbarerweise auch zugleich, dass beide Teile Recht hatten. Wenn sie nur die Sache richtig verstanden hätten, so wäre kein Schisma nötig gewesen.

Die lateinische Kirche war ganz logisch in ihrem Denken, dass es keine Offenbarung auf dem fünften Plan geben könne, die von dem siebten ausgehe und nicht durch den sechsten hindurch müsste, somit sagte sie, der Geist gehe vom Vater und vom Sohn aus. Die griechische Kirche hingegen hielt an der Verschiedenheit der drei Offenbarungen fest und verwarf wiederum ganz richtig eine Wanderung von der ersten durch die zweite zur dritten, was wir auf unserer Tafel durch eine Diagonale von der ersten zur dritten darstellen könnten. Diese Linie ist aber nicht vorhanden, jedoch zeigen uns die punktierten Linien rechts auf Tafel I, wie der dritte Aspekt durch den Plan hinabsteigt, um sich auf dem fünften kundzutun und zeigt somit sogleich den vollkommenen Einklang der beiden streitenden Parteien.

Das Wunder, das aus dem Menschen ein Ebenbild Gottes macht, zeigt uns der Vergleich der menschlichen Seelen-Triade mit jener Dreieinigkeit, die sich auf den höheren Plänen manifestiert. Die orthodoxen Begriffe zogen diese Ähnlichkeit so tief ins Materielle herab, dass sie die Worte der Bibel auf den physischen Körper bezogen und erklärten, Gott habe den menschlichen Körper so geschaffen, wie er voraussah, dass Christus sich gestalten würde, wenn er zur Erde herabstiege. Ein recht drastisches Beispiel des konfusen Denkens sogar bei gewissen Theologen.

Ein Blick auf Tafel I zeigt uns sofort die eigentliche Bedeutung dieser Worte. Nicht der physische Körper des Menschen, sondern der Aufbau seiner Seele zeigt mit bewundernswerter Genauigkeit die Art und Weise der göttlichen Offenbarung. Wie die drei Aspekte der Gottheit auf dem siebten Plan, so erscheint auch der Geist des Menschen, der göttliche Funke, dreifach auf dem fünften Plan. In beiden Fällen ist der zweite Aspekt fähig, einen Plan herabzusteigen und sich in den Stoff dieses Planes zu hüllen, und gleicherweise kann der dritte Aspekt zwei Stufen herabsteigen und diesen Vorgang wiederholen. Somit finden wir in beiden Fällen eine Dreiheit in der Einheit, in den Erscheinungsformen verschieden, doch in Wirklichkeit eins. Im Augenblick haben wir es nur mit der Tatsache zu tun, dass jeder der drei Aspekte des Logos seine besondere Rolle bei der Gestaltung und Entwicklung der Menschenseele hat. Diese Tätigkeit wollen wir mit Hilfe der Tafel II erklären. Die horizontalen Unterabteilungen bedeuten, wie in Tafel I, Daseins-Pläne, und über ihnen befinden sich drei Symbole, wie sie uns in der »Geheimlehre« gegeben wurden. Der oberste Kreis ist ein Symbol des ersten Aspektes des Logos unseres Sonnensystems und hat nur einen Punkt in seiner Mitte. Der zweite Aspekt des Logos ist durch einen Kreis symbolisiert, der durch eine Linie geteilt wird und die Zweiheit repräsentiert, die in fast allen Religionen der zweiten Person zugeteilt wird. Der unterste Kreis enthält das griechische Kreuz, ein gewöhnliches Symbol des dritten Aspektes.

VI

Die ersten Lebensströmungen

Von diesem dritten Aspekt Gottes (dem dritten Logos) geht die erste Bewegung zur Bildung eines neuen Sonnensystems aus. Vor dieser Bewegung existieren nur die Ur-Atome der Materie der verschiedenen Pläne, die noch in keine Verbindungen eingegangen sind und noch keine Moleküle gebildet haben. Doch nun strömt in diesen Ozean jungfräulicher Materie (die wahre Jungfrau Maria) der »Heilige Geist« (Fohat) hernieder, der Lebenserwecker, wie er im Glaubensbekenntnis von Nicäa genannt wird, und durch die Wirkung seines herrlichen Lebens werden die Atome zu neuen Möglichkeiten und Kräften erweckt, damit die Anziehung und Abstoßung in ihnen wirken kann, und dadurch bilden sich die Unterabteilungen aller Pläne von neuem. Auf unserer Figur ist diese Tätigkeit durch eine gerade Linie dargestellt, die vom untersten Kreis ausgeht, alle Pläne durchdringt und immer breiter und dunkler wird, um anzudeuten, wie die göttliche Monade sich immer mehr in Materie hüllt, so dass sie schließlich ganz darin aufzugehen scheint.

Doch die lebenverleihende Kraft ist immer vorhanden, selbst wenn sie noch so eng in die niedrigsten Formen eingeschlossen ist. Die zahllosen Experimente haben die Existenz des Lebens im Mineralreich unwiderleglich bewiesen. Sie zeigen auch in herrlicher Weise die Tätigkeit der ersten und zweiten Ausströmung des göttlichen Lebens.

In diesen so belebten Stoff strömt nun die zweite göttliche Lebenswelle ein. Somit nimmt die zweite Person der Dreieinigkeit nicht allein von der »Jungfrau Maria« oder der unfruchtbaren Materie Form an, sondern auch von der Materie, die bereits von der dritten Lebenswelle belebt ist, so dass beide, Leben und Materie, ihn wie eine Hülle umgeben, und so ist er in Wahrheit »empfangen vom heiligen Geist, und geboren von der Jungfrau Maria«. Das

31

ist der wahre Sinn einer wichtigen Stelle des christlichen Glaubensbekenntnisses.[10]

Sehr langsam und allmählich fließt dieser ewige Lebensstrom durch alle Pläne und Reiche und verbleibt dort eine gewisse Zeit, die der Dauer entspricht, die eine ganze Planetenkette zu ihrer Entwicklung benötigt. Wollten wir diese Zeit nach unserer Weise messen, so ergäben sich viele Millionen Jahre. Diese zweite Strömung ist auf Tafel II durch die Linie angegeben, die vom zweiten Kreis ausgeht, links herabläuft und immer dunkler wird, bis sie den tiefsten Punkt erreicht. Von hier aus steigt sie wieder auf, durch den Physischen-, Astral- und unteren Mental-Plan hindurch, bis zu dem Punkt, wo sie die dritte Lebenswelle erreicht, die vom höchsten Kreis ausgeht und die rechte Seite des Ovals vervollständigt. Später werden wir uns noch mit diesem Zusammentreffen beschäftigen, vorerst haben wir es noch mit dem herabsteigenden Bogen zu tun. Zum besseren Verständnis wollen wir einen Blick auf Tafel III werfen. So verschieden wie die beiden Diagramme auch aussehen, so sagen sie doch ungefähr das Gleiche aus. Die farbigen Quadrate links bedeuten dasselbe wie die herabsteigende linke Kurve auf Tafel II, und die zugespitzten Figuren entsprechen dem ersten Teil des aufsteigenden Bogens rechts auf Tafel II und stellen seine verschiedenen Entwicklungsstadien dar.

Zu bemerken ist hier, dass das Lebensprinzip in den verschiedenen Stadien des Niederganges verschieden benannt wird. Anfänglich nennt man es monadische Essenz, besonders so lange es nur in den Stoff der verschiedenen Pläne gehüllt ist, doch sobald es den oberen Teil des Mental-Planes belebt, ist es uns als erstes Elementarreich bekannt. Nachdem es während einer Planetenkette dort verweilt, steigt es zum niederen Form- oder Rupa-Plan herab und beseelt für eine gleich lange Zeit das zweite Elementarreich. Nach gleicher Zeitdauer gelangt es zum Astralplan und bildet dort das dritte Elementarreich, das auch Elementaressenz des Astralplanes genannt wird. In diesen beiden letzteren Stadien hat es innige Verbindung mit dem Menschen, da diese Essenzen zum größten Teil seine verschiedenen Leiber aufbauen und so Gedanken wie Taten stark beeinflussen. Doch dieses liegt außerhalb unserer heutigen Aufgabe, und

---

10   Siehe C.W. Leadbeater, »The Christian Creed«, S. 73

wer eine ausführliche Beschreibung des »Gedanken- und Begierden-Elementales« wünscht, den muss ich auf andere theosophische Schriften verweisen.

Wenn die große Lebenswoge göttlicher Kraft den niedrigsten Punkt ihres Laufes erreicht hat, ist sie in die physische Materie eingetreten und belebt und beseelt dann auch einige Zeit nach dem Beginn des langsam aufsteigenden Weges das Mineralreich der Planetenkette, auf der es sich gerade befindet. Auf dieser Stufe nennt man die Kraft manchmal die »Mineralmonade«, so wie sie späterhin auch als »Pflanzen- und Tiermonade« bezeichnet wird. Aber alle diese Namen sind ungenau und machen den Eindruck, als belebe eine einzige große Monade das ganze Naturreich. Wenn sich die monadische Essenz zuerst zeigt, d. h. im ersten Elementarreich, so ist sie schon nicht mehr die Eine, sie ist zur Vielheit geworden – es ist nicht mehr ein einziger großer Lebensstrom, sondern es sind viele parallele Strömungen, von denen jede ihren eigenen Charakter hat. Die ganze Bewegung hat die Neigung, sich zu teilen, und je weiter sie fortschreitet, desto stärker wird der Teilungsprozess betont. Wohl ist anzunehmen, dass vor dem Beginn jeder Offenbarung diese gewaltige Lebenskraft als homogen gedacht werden muss, obgleich kein menschliches Auge sie in diesem Zustand gesehen hat; und am Ende des ersten großen Entwicklungsstadiums zerfällt sie schließlich in eine unzählige Menge von Einzelwesen, so dass jeder Mensch eine individuelle, wenngleich noch unentwickelte Seele ist.

Es entstehen aber immer verschiedene Verbindungsstadien zwischen diesen beiden Endpunkten. Die Teilung und Absonderung geht immer weiter vorwärts, bis der Individualisierungsprozess stattfindet. Man darf nicht vergessen, dass es sich um die Evolution der beseelenden Kraft oder des Lebensprinzips handelt und nicht um die äußere Form. Diese beseelende Energie entwickelt sich durch die Eigenschaften, die sie sich in der physischen Verkörperung erwirbt. Im Pflanzenreich hat z. B. nicht jede Pflanze eine Seele, sondern es besteht für eine große Zahl derselben eine gemeinsame Seele – manchmal ist die ganze Gattung so verbunden. Im Tierreich ist dieser Teilungsprozess weiter fortgeschritten, und obwohl es auch hier noch möglich ist, dass eine einzige Seele mehrere Millionen Körper belebt, wie es tatsächlich bei den niedrigsten Insektenformen der Fall ist, so bilden doch bei den höheren Tieren eine verhältnismäßig geringe Zahl von physischen Formen eine Gruppenseele.[11]

---

11 Vgl. auch Max Heindel, Die Weltanschauung der Rosenkreuzer, Zürich o. J., S. 69-72, 74, 78, 81, 82, 350, 357, 461.

VII

Die Gruppenseele der Tiere

Da die Idee einer Gruppenseele vielen Schülern schwer verständlich und neu erscheint, so wird ein orientalisches Gleichnis vielleicht das Verständnis erleichtern. Die Inder vergleichen die Gruppenseele mit dem Wasser in einem Kübel, während die individuelle Tierseele durch ein Glas Wasser, das man dem Kübel entnimmt, veranschaulicht wird. Das Wasser im Glas ist im Augenblick ganz abgesondert von dem Wasser im Kübel und nimmt die Form des Glases an, in dem es enthalten ist. Wenn wir nun in dieses Glas irgendeinen Farbstoff einbringen, der das Wasser darin färbt, dann stellt der Farbstoff die in der zeitweilig getrennten Seele entwickelten Eigenschaften dar, die durch die verschiedenen Erfahrungen entstanden sind, die sie zu machen hat.

Den Tod des Tieres kann man veranschaulichen durch das Zurückgießen des Wassers aus dem Glas in den Kübel, wodurch der Farbstoff sich dann überall im Wasser verbreiten wird, indem er es färbt. Ebenso werden die Eigenschaften, die sich während des Lebens des einzelnen Tieres entwickelt haben, sich nach seinem Tod auf die ganze Gruppenseele verteilen. Es würde unmöglich sein, genau dasselbe Glas Wasser noch einmal aus dem Kübel zu schöpfen, aber jedes Glas voll Wasser, das nachher daraus entnommen wird, muss natürlich von dem Farbstoff des ersten Glases gefärbt sein. Wenn es möglich wäre, gerade die Atome wieder zu vereinen, die im ersten Glas vorhanden waren, so hätten wir eine richtige Inkarnation; da dieses aber nicht im Bereich der Möglichkeit liegt, so haben wir das Aufgehen der einzelnen Seele in die Gruppenseele, wobei aber jede Erfahrung aufbewahrt wird und dem Ganzen zugute kommt.

Aber einem solchen »Seelenkübel« wird nicht nur ein einziges Glas zur Zeit entnommen, sondern eine unzählige Menge dieser einzelnen Seelen, und jede bringt das Resultat ihrer Erfahrungen heim, so dass viele Eigenschaften sich gleichzeitig in der Gruppenseele entwickeln, von denen dann jedes neugeborene Tier den Vorteil zieht. Das erklärt die feststehenden Instinkte, die manchen Tieren angeboren sind. Die junge Ente, die soeben dem Ei entschlüpft ist, sucht das Wasser auf und schwimmt darin ganz furchtlos umher, selbst wenn sie von einer Henne ausgebrütet wurde, die das Wasser fürchtet und erschrickt, wenn sie ihren Pflegling scheinbar in das sichere Verderben gehen sieht. Doch jenes Teilchen einer Gruppenseele, das die junge Ente belebt, weiß aus früheren Erfahrungen sehr wohl, dass dieses Element für sie geeignet ist, und sie vertraut sich ihm furchtlos an.

In jeder Gruppenseele wirkt aber die Neigung zur Absonderung weiter, und diese Trennung hat eine frappante Ähnlichkeit mit der Art, wie die Zellen sich teilen. In der Gruppenseele, die, wie man sich vorstellen muss, eine Anhäufung von Mentalmaterie belebt, entsteht ein anfangs kaum wahrnehmbares Absonderungselement, das allmählich die ganze Breite unseres symbolischen Kübels durchzieht. Zuerst findet noch bis zu einem gewissen Grad ein Austausch zwischen den beiden Wasserhälften statt, doch wenn nun die Teile, die der einen Hälfte entnommen wurden, immer wieder in dieselbe Seite zurückgegossen werden, so wird nach und nach die Färbung der einen Seite so verschieden von der der anderen, dass wir scheinbar zwei Behälter statt des einen haben. Dieser Vorgang wiederholt sich dann immer wieder, bis bei den höher stehenden Tieren nur eine verhältnismäßig kleine Zahl von Körpern einer und derselben Gruppenseele angehören. Es wurde jedoch beobachtet, dass die Individualisierung, die eine Wesenheit aus dem Tierreich zur Menschheit emporhebt, nur bei einigen Tierarten möglich ist, und zwar nur bei Haustieren und auch da nicht einmal bei allen ihren Gattungen. Es muss hier natürlich daran erinnert werden, dass wir kaum die Hälfte der Entwicklung auf unserer Weltenkette überschritten haben, und wir können erst an ihrem Ende erwarten, das Tierreich ins Menschenreich übergehen zu sehen. Jetzt muss ein Tier, das sich der Individualisierung nähert, den anderen sehr weit voraus sein, und deshalb ist ihre Zahl sehr gering. Hin und wieder kommt aber eine derartige Individualisierung vor, und diese Fälle sind für uns von großem Interesse, weil sie zeigen, wie wir selbst in jenen so weit zurückliegenden Zeiten Menschen wurden. Das Tierreich des Mondes, aus dem heraus wir uns zu Einzelwesen gestalteten, stand auf einer niedrigeren Stufe als unser jetziges Tierreich, aber die Methode scheint ganz ähnlich gewesen zu sein.

VIII

Der aufsteigende Bogen

Ehe wir uns den Einzelheiten des aufsteigenden Bogens zuwenden können, müssen wir wieder Tafel III betrachten und daran erinnern, dass die verschiedenen farbigen Streifen, die den größten Teil der Tafel ausfüllen, die verschiedenen Stadien des Aufstiegs der monadischen Essenz zu veranschaulichen versuchen. Bei ihrem Niedersteigen, das uns durch den Streifen zur Linken angezeigt wird, begnügt sie sich, den Stoff der verschiedenen Pläne vorzubereiten, um Schwingungen zu empfangen und weiterzugeben. Dadurch entwickelt sie die Möglichkeit, Eindrücke zu empfangen und auf diese je nach ihrem Dichtigkeitszustand zu antworten. Doch wenn diese Lebenswelle den niedrigsten Punkt der Materie erreicht hat und dann den Aufstieg beginnt, der zur Göttlichkeit führt, ändert sich ihre Tätigkeit etwas. Ihr Zweck ist das Erwecken des Bewusstseins auf den verschiedenen Plänen, die Beherrschung der Körper, die sie sich aufgebaut hat, und deren schließlicher Gebrauch als Träger des Bewusstseins, so dass sie nicht nur als Brücken dienen, um der Seele Eindrücke zuzuführen, sondern ihr auch die Möglichkeit verschaffen, sich auf einigen Plänen zu betätigen.

Dieses Streben berücksichtigt natürlich zuerst die Materie, die am tiefsten steht, am gröbsten ist, und deren Schwingungen deshalb die langsamsten sind, wodurch sie am leichtesten zu regieren sind. Daher kommt es denn auch, dass im Menschen die höheren Prinzipien mehr oder weniger latent sind, dass er das volle Bewusstsein bis jetzt nur in seinem physischen Körper hat und es erst allmählich in seinem Astralleib entwickelt, während es ihm noch ziemlich fern liegt, sich des Mentalleibes vollkommen bewusst zu sein, was auf einer höheren Entwicklungsstufe stattfinden wird.

Tafel III gibt uns für jedes Naturreich einen besonderen Farbstreifen an. Im Mineralreich ist er in seiner ganzen Breite nur auf die dichteste, die physische

Materie, beschränkt. Im Ätherischen verringert er sich, je mehr er sich ihren höheren Regionen nähert. Daraus ersehen wir, dass im Mineralreich die Herrschaft der Seele über die höheren Teile des Ätherstoffes noch nicht vollständig entwickelt ist. Man beachte, dass eine ganz kleine, rote Spitze vorhanden ist, die uns sagt, dass ein ganz geringer Teil des Bewusstseins schon beginnt, im Astralstoff tätig zu sein, d. h. ein wenig Begierde und Wunsch fangen bereits an, sich zu regen.

Es mag wohl vielen sonderbar vorkommen, dass wir von Begierden im Mineralreich reden, aber jeder Chemiker weiß ja, dass die Wahlverwandtschaften existieren, dass einige der so genannten Elemente eine starke Neigung zu bestimmten Verbindungen spüren, und das ist doch gewiss ein Begehren, der Anfang des Wunsches. Ein Element hat ein so großes Verlangen nach der Vereinigung mit einem anderen, dass es keinen Augenblick zögert, eine schon eingegangene Verbindung zu lösen, um sich mit dem Gewünschten zu verschmelzen. Diese Kenntnis von der Zuneigung und Abneigung der Stoffe gibt uns die Möglichkeit, uns verschiedene benötigte Gase zu verschaffen. So sind z. B. Sauerstoff und Wasserstoff im Wasser innig verbunden, Sauerstoff aber hat Natrium lieber als Wasserstoff; wenn wir also Natrium hineinwerfen, wird er sofort den Wasserstoff verlassen und sich mit Natrium verbinden, dann entsteht ein Stoff, den wir Natrium-Hydroxyd nennen, und ein Teil des Wasserstoffes entweicht. Oder wenn wir einige Zinkfeilspäne in verdünnte Salzsäure werfen (eine Verbindung von Wasserstoff und Chlor), sehen wir, wie das Chlor den Wasserstoff verlässt, um sich mit dem Zink zu verbinden, so dass Zinkchlorid entsteht, Wasserstoff frei wird und aufgefangen werden kann. Dieses ist die gewöhnliche Art, wie wir uns Gas verschaffen. Wir sind also vollkommen berechtigt, wenn wir von den beginnenden Wunschäußerungen im Mineralreich sprechen.

Betrachten wir den Streifen, der das Pflanzenreich darstellt, so sehen wir, dass er die volle Breite im dichteren (physischen) sowie im Ätherstoff hat. Die Spitze, die das Begehren anzeigt, ist schon bedeutend größer und versinnbildlicht eine größere Fähigkeit, die dichtere Astralmaterie benutzen zu können. Wer Botanik studiert hat, weiß, dass Zuneigung und Abneigung (Wunschformen) im Pflanzenreich stärker als im Mineralreich hervortreten und gewisse Pflanzen viel Scharfsinn bekunden, um ihre Bedürfnisse zu befriedigen, so beschränkt diese uns auch erscheinen mögen.

Der Streifen, der das Tierreich darstellt, zeigt einen großen Fortschritt im Bewusstsein. Hier hat der Streifen seine volle Breite sowohl in der ganzen physischen als auch im dichteren Teil der Astralebene. Das zeigt uns, wie in den Tieren die niederen Begierden völlig integriert sind, während das starke Abnehmen der Breite im oberen Teil dieses Planes beweist, dass ihre Fähigkeit für die höheren Wunschformen noch nicht vollständig entwickelt ist, doch als Möglichkeit sind auch sie vorhanden. Ausnahmsweise findet man auch, dass ein Tier fähig ist, einen hohen Grad von Zuneigung und Hingabe zu äußern. Der Streifen zeigt auch ein grünes Spitzchen, das einen Beginn von Intelligenz darstellt, die des Mentalstoffes zur Kundgebung bedarf. Früher glaubte man, dass der Verstand nur ein Vorrecht des Menschen sei, da nur er allein Verstand, die Tiere dagegen nur Instinkt besäßen, doch dieses ist in Bezug auf die höheren Haustiere sicherlich falsch. Wer je einen Hund oder eine Katze besaß und sie lieb gewann (was immer der Fall sein sollte), wird sicherlich bemerkt haben, dass diese Geschöpfe zweifellos Vernunftschlüsse zwischen Ursache und Wirkung zu machen fähig sind. Obgleich die Richtung, in der ihr Verstand tätig sein kann, noch recht beschränkt ist und die Fähigkeit auch weniger entwickelt ist als bei uns, so ist sie doch sicher vorhanden. Die Angabe hier betrifft das Durchschnittstier. Sie deutet nur die elementarste Äußerung des Verstandes an und berührt den dichtesten Stoff der Mentalschicht. Für die hoch entwickelten Haustiere könnte man die Figur sogar bis zur obersten der vier untersten Schichten reichen lassen, natürlich nur als ein feines Streifchen.

IX

Das menschliche Bewusstsein

Wir bemerken sofort etwas Neues, wenn wir zu dem Streifen gelangen, der die Menschheit darstellt. Dieser hat seine volle Breite sowohl auf dem physischen als auch auf dem Astralplan, als Zeichen, dass der Mensch jeder Empfindung und aller Arten von Wünschen und Begierden fähig ist, sowohl der höheren als auch der niedersten. Auch auf dem unteren Teil des Mentalplanes nimmt die Breite nicht ab und zeigt uns, dass, soweit diese in Betracht kommt, der menschliche Verstand hier seine völlige Entwicklung erlangt, doch höher hinauf ist sie nicht vollständig. Ein ganz neuer Faktor tritt aber nun durch das blaue Dreieck auf der höheren Hälfte des Mentalplanes hinzu. Es zeigt an, dass der Mensch einen Kausalkörper hat, ein höheres Ego, das immer von neuem wiedergeboren wird. Dieses blaue Dreieck entspricht dem anderen, das uns Tafel II zeigte. Das Bewusstsein, das die meisten Menschen erreicht haben, geht nicht über die niederste Stufe dieses dreiteiligen Planes hinaus. Nur sehr allmählich, im Verlauf einer langsamen Entwicklung, kann das Ego sein Bewusstsein zum zweiten oder sogar zum ersten dieser Unterpläne erheben.

Dieses Dreieck will aber durchaus nicht sagen, dass der Mensch schon jetzt bewusst auf diesen Höhen wirken kann. Bei jüngeren Seelen ist die Begierde der hauptsächlichste Antrieb, obgleich der Verstand sich schon bis zu einem gewissen Grad entwickelt hat. Diese haben ein unbestimmtes Astralbewusstsein im Schlaf und ein helleres nach dem Tod, so dass sie dann auf dem tiefsten Unterplan der Astralwelt tätig sein können, und das Leben auf dieser niedrigsten Stufe des Astralplanes füllt ausschließlich den Zeitraum zwischen den Geburten aus, denn diese Menschen besitzen fast noch nichts, was sie zum Leben in der Himmelswelt berechtigt. Das Bewusstsein eines solchen Menschen ist also an den niedersten Teil seines Astralkörpers gebunden, und sein Leben wird meistens von Empfindungen geleitet, die mit dem physischen Leben zusammenhängen.

Auch der Durchschnittsmensch der westlichen Gesellschaften lebt noch ganz in seinen Empfindungen, obgleich hier schon das höhere Astralbewusstsein zu wirken beginnt, jedoch ist das Motiv, das seine Handlungen lenkt, noch ganz und gar nicht ein Überlegen, was recht oder vernünftig ist, sondern die Begierde. Nur die Entwickelteren und Gebildeteren unter uns fangen an, ihre Begierden der Vernunft unterzuordnen, das Bewusstseinszentrum beginnt also allmählich, sich vom höheren Astralplan zum niederen Mentalplan aufzuschwingen. Wenn der Mensch sich noch weiter entwickelt, steigt es sehr langsam noch höher hinauf, und dann leiten ihn nicht mehr Wünsche, Begierden und Stimmungen, sondern Prinzipien und Grundsätze, die er sich selber gibt.

Ein weit größerer Fortschritt tritt ein, wenn diese verschiedenen Körper als unabhängige Bewusstseinsträger benutzt werden können und die Tätigkeit in ihnen aktiv wird. Ein gebildeter und in der Entwicklung ziemlich fortgeschrittener Mensch ist meistens voll bewusst in seinem Astralleib und könnte recht wohl in ihm tätig sein, wenn er es nur gewohnt wäre. Um diese Fähigkeit zu erlangen, ist aber eine gewisse Anstrengung nötig. Die größte Zahl dieser Menschen weiß nichts vom Astralkörper und dessen Natur und Gebrauch und macht folglich nicht die geringste Anstrengung dazu. Sie haben die Tradition der uralten Gewohnheit einer langen Reihe von Lebensläufen hinter sich, in denen der Astralkörper nicht benutzt worden ist, da er sich ganz unbewusst, wie von einer Schale umschlossen, entwickelte, etwa wie ein Küken im Inneren des Eies wächst und sich formt. Diese Schale besteht aus der Gedankenmasse, die das Ich zum Mittelpunkt hat und in die der gewöhnliche Mensch so hoffnungslos eingeschlossen ist. Die Gedanken, die ihn den Tag über in Anspruch nehmen, spinnt er gewöhnlich während des Schlafes weiter, und sie umgeben ihn so mit einer selbstgemachten Hülle, so dass er nichts von dem, was außer ihm vorgeht, wahrnehmen kann. Hin und wieder zerreißt eine starke äußere Anregung oder ein heftiger Wunsch von innen heraus diesen Schleier, der ihn wie eine dichte Nebelmasse umgibt, und erlaubt ihm, einen bestimmten Eindruck zu empfangen, doch fast immer schließt er sich bald wieder, und der Mensch träumt, nichts beobachtend, weiter wie bisher. Diese Schale kann nun auf verschiedene Weisen zerteilt werden.

I.

In ferner Zukunft wird die langsame, aber sichere Evolution diesen Nebelvorhang zerstreuen, und dann wird der Mensch sich der mächtigen, ohne Unterlass tätigen Welt, die ihn allseits umgibt, bewusst werden.

II.

Der Mensch kann selbst, wenn er die Sachlage erkannt hat, durch anhaltende Bemühungen den Nebel von innen heraus zerteilen, wenn er imstande ist, den Widerstand, der durch das Beharrungsvermögen der Natur durch lange Zeitläufe hindurch erzeugt worden ist, zu überwinden. Dieses ist natürlich nur ein Beschleunigen des naturgemäßen Vorganges und kann durchaus nicht schädlich wirken, wenn man auch in anderer Hinsicht gleichmäßig fortschreitet. Doch gewinnt man dieses Erwachen, ohne vorher Stärke, Verstand und Moral entwickelt zu haben, so läuft man doppelte Gefahr, entweder die neu erlangten Kräfte zu missbrauchen oder der Furcht zu unterliegen, wenn man sich Mächten gegenübersieht, die man weder begreifen noch beherrschen kann.

III.

Durch ein außerordentliches Ereignis oder die unberufene Anwendung magischer Künste kann der Schleier so entfernt werden, dass er sich nie wieder ganz schließt, und dann verbleibt der Unvorsichtige in der schrecklichen Lage, die H.P. Blavatsky in einigen ihrer Erzählungen und Bulwer-Lytton in seinem Roman »Zanoni« so ergreifend schildern.

IV.

Irgendein in seiner Entwicklung weit fortgeschrittener Freund, der den Menschen gründlich kennt und ihn für fähig hält, den Gefahren der Astralwelt offenen Auges gegenüberzustehen und dort selbstlos zu wirken, kann diese

Nebelhülle von außen zerteilen und dem Menschen die Möglichkeit einer bestimmten Tätigkeit verleihen. Dieses ist das Erwecken, von dem das theosophische Schrifttum redet. Jener, der das hervorruft, lädt aber eine schwere Verantwortung auf sich, und er wird sie nur dann auf sich nehmen, wenn er durch lange Bekanntschaft die Gewissheit erlangt hat, dass der, den er erweckt, bis zu einem gewissen Grad alle erforderlichen Eigenschaften besitzt. Der Bedarf nach solchen Helfern ist aber ein so dringender, dass der Strebende sicher sein kann, dass sich seine Erweckung um keinen Tag verzögert, sobald er für reif erkannt wird. Inzwischen kann ja ein jeder, der danach verlangt, die zweite soeben erwähnte Methode anwenden, er sollte sich aber zuvor prüfen, ob er auch in anderer Hinsicht so weit gereift ist, um es zu wagen. Ist das nicht der Fall, so würde nur ein rasches Herabstürzen die Folge sein. Doch wir erwähnten es schon an anderer Stelle, dass, bevor das volle Erwachen stattfindet, viel nützliche Arbeit für die Menschheit geleistet werden kann. Ein Mensch, der sich vor dem Schlafengehen fest vornimmt, eine bestimmte Arbeit zu verrichten, wird diese sicher ausführen, sobald er sich von seinem physischen Körper befreit hat. Doch kaum ist die Arbeit verrichtet, so schließt sich der Nebel sofort wieder um ihn, da er ja so unendlich lange Zeitläufe hindurch versäumt hat, außerhalb des physischen Gehirns zu denken und zu wirken.

Viele unserer Mitglieder handeln so und verrichten wenigstens eine nützliche Tat in jeder Nacht, und da diese oft die ganze Schlafenszeit in Anspruch nimmt, so tun sie gerade so viel, als sie zu tun fähig sind. Auch muss daran erinnert werden, dass wir durchaus nicht nur im Schlaf tätig sein und wirken können. Ein unterstützender Gedanke kann zu jeder Tageszeit ausgesandt werden und wird nie sein Ziel verfehlen. Der Unterschied in der Tätigkeit des Erweckten und des Nichterweckten ist einfach der, dass der erstere voll bewusst ist, während beim anderen sich die Nebelhülle sofort wieder schließt und so undurchdringlich bleibt wie zuvor.

X

Die dritte Lebenswelle

Um die Entstehung der Seele im Menschen zu begreifen, müssen wir noch eine sehr beachtenswerte Tatsache in Betracht ziehen, nämlich die dritte Ausströmung göttlichen Lebens, die vom ersten Aspekt des Logos (der erste Logos) ausgeht und in jedem Menschen den Unterschied zwischen dem »höheren, aufwärts strebenden Impuls« und dem »niederen, nach unten strebenden tierischen Instinkt« zeigt. Richtig erklärt, bedeutet dieses, dass die Tierseele nach dem Tod zur Gruppenseele oder zur allgemeinen Tiermonade zurückkehrt, aber die göttliche Monade im Menschen kann nicht ebenso rückwärts gehen, sondern steigt immer höher und höher zur Gottheit empor, von der sie stammt. Diese dritte Ausströmung ist auf Tafel II rechts angegeben, es muss allerdings darauf aufmerksam gemacht werden, dass sie beim Herabsteigen nicht dunkler und materieller wird. Es scheint auch, dass diese Macht tiefer als bis zum Buddhi-Plan herabreichen kann und dort einer mächtigen Wolke gleich verweilt und wartet, dass die zweite Lebenswelle sie in ihrem langsamen Aufstieg erreicht, um sich dann mit ihr zu verschmelzen. Obgleich diese Wolke eine große Anziehung auf die untere Monadenessenz auszuüben scheint, muss jedoch die Entwicklung, die eine Verbindung ermöglicht, von unten herauf stattfinden.

Zur Erleichterung des Verständnisses dieses Vorganges führt man im Orient gewöhnlich das Bild der Wasserhose an. Wir sehen da eine große Wolke, die über den Wellen des Meeres schwebt, die in steter Bewegung sich bilden und vergehen. Plötzlich neigt sich ein Teil der Wolke herab, es entsteht ein Kegel mächtig wirbelnden Wasserdampfes und darunter bildet sich sofort eine Kreisbewegung im Ozean, die aber nicht wie gewöhnlich zur Tiefe herabzieht, sondern aufwärts strebt. Die beiden Wirbel nähern sich einander allmählich, bis sie zusammenfließen, und plötzlich steht eine gewaltige Säule

– eine Mischung von Wasserdampf – da, wo noch kürzlich Wolke und Meer, jedes für sich, bestand. Gleich den vergänglichen Wellen der Meeresoberfläche senden die tierischen Gruppenseelen fortwährend ihre Ausläufer zur Geburt hin, und der oben beschriebene Teilungsprozess dauert fort, bis eine dieser Wellen sich hoch genug erhebt, um eine Verbindung mit der Wolke zu ermöglichen. Dann entsteht eine neue Daseinsform, die weder Wolke noch See ist, sondern ein Mittelding zwischen beiden, deren beiderseitige Natur sie aufweist. Nun ist sie von der Gruppenseele abgetrennt, von der sie ein Teil war, und fällt nie mehr in die See zurück.

Jeder, der ein wirklich intelligentes Haustier lieb gewann, wird leicht verstehen, wie das zugeht, denn er hat die ungemeine Anhänglichkeit beobachtet, mit der es am geliebten Herrchen oder Frauchen hängt, und auch die große mentale Anstrengung, die es macht, um deren Wünsche zu verstehen und ihnen zu gefallen. Diese Anstrengung entwickelt den Intellekt, die Macht der Liebe und Hingebung im Tier, und dann kommt dadurch eine Zeit, in der es sich so sehr über die Durchschnittshöhe seiner Gruppenseele erhebt, dass es sich vollständig von ihr trennt und dadurch ein passender Träger der dritten Ausströmung wird, durch deren Vereinigung das Individuum entsteht, das dann seinen eigenen Entwicklungsgang verfolgt, auf dem es einst zur Göttlichkeit zurück gelangen kann.

Oft wird gefragt, warum es denn nötig ist, diese ganze Entwicklung durchzumachen, die mit so viel Kummer und Leid verbunden ist, damit die Monade einfach zu ihrer Quelle zurückkehre, obwohl ihre Essenz doch gleich anfangs göttlich war und zuletzt wieder zur Göttlichkeit eingeht, und die menschliche Monade, als sie die lange Reise durch die Materie antrat, ja doch schon allweise und allgütig war. Doch diese Frage beruht auf vollständiger Unkenntnis der Tatsache. Als das, was man fälschlicherweise als menschliche Monade bezeichnete, vom Göttlichen ausströmte, war es keine Monade und noch viel weniger eine allweise und allgütige, es war kein Einzelwesen, sondern nur eine Masse monadischer Essenz. Zwischen Hervorgehendem und Zurückkehrendem besteht ein ähnlicher Unterschied wie zwischen einer Nebelmasse und einem geordneten Sonnensystem, das sich aus dieser entwickelt hat. Der leichte Nebelstoff ist zweifellos schön, aber unbestimmt und unnütz, die Sonne hingegen, die langsam aus ihm entsteht, strömt Lebenskraft, Wärme und Licht auf zahllose Welten und deren Einwohner aus.

Noch eine andere Analogie kann angeführt werden. Der menschliche Körper besteht aus vielen Millionen überaus kleiner Teilchen, von denen einige fortwährend ausgestoßen werden. Sehen wir nun voraus, dass es diesen Teilchen möglich wäre, durch eine besondere Evolution dazu zu gelangen, ein menschliches Wesen zu werden, so können wir doch nicht sagen, dass es durch diesen Vorgang nichts gewann, weil es schon beim Beginn sozusagen menschlich war. So ist auch diese Ur-Essenz nur eine Kraftausströmung. Zwar ist es wohl göttliche Kraft, aber sie kehrt zurück in der Form von tausend Millionen mächtiger Adepten, von denen jeder fähig ist, sich zu einem Logos zu entwickeln.

Diesen wunderbaren Entwicklungsgang wollen wir nun in einer Reihe von Darstellungen vorführen, und obgleich es uns nur möglich ist, den Wechsel anzudeuten, der in den verschiedenen, sich entwickelnden Menschen stattfindet, so hoffen wir doch, denen, die noch nicht fähig sind, selbst zu sehen, eine kleine Idee dieses Vorganges zu geben. Doch ist dazu noch die Erklärung eines Punktes bei dieser Verschmelzung der beiden Lebenswellen, der materiellen und der göttlichen, zu erwähnen. Es ist das ein sonderbarer Wechsel in der Stellung des Monadenstoffes, der nunmehr eintritt. Während der unendlich langen Entwicklungsperiode in den vorhergehenden Reihen war er immer das belebende und beseelende Prinzip – er war die Kraft in all den Formen, in denen er zeitweise wirkte. Nun aber wird das Beseelende selbst zum Beseelten. Aus dem Monadenstoff, der Teil einer tierischen Gruppenseele war, bildet sich jetzt der Kausalkörper, eine prächtige, eiförmige Form von strahlendem Licht, in die hinein sich das noch herrlichere Licht und das Leben von oben her ergießt und durch den das höhere Leben im menschlichen Einzelwesen zum Ausdruck gelangen kann.

Als ich diesen Gegenstand in früheren Veröffentlichungen behandelte, erklärte ich schon, dass es uns nicht als ein unwürdiges Ziel erscheinen müsse, was einer so langen Vorbereitung im Entwicklungsgang bedurfte, nämlich des letzten, größten Segens des göttlichen Geistes wert zu sein. Denn ohne die sorgfältige Vorbereitung des verbindenden Gliedes könnte die unsterbliche Individualität nie ins Dasein treten. Von der Arbeit so unendlich langer Zeitläufe geht übrigens nichts verloren. Nichts war in ihnen unnütz. Alles betrifft die drei Ausströmungen des Geistes, die sich auf diese Weise zu einer erhabenen Einheit entwickeln werden, nicht weil die Gottheit Fleisch ward, sondern weil die Menschheit zu Gott erhöht wurde. Ohne den langen Lauf der Evolution könnte die endliche Vollendung nicht erreicht werden, die den Menschen wieder mit der Gottheit vereinigt, und dadurch erweitert sich die Macht des Logos, indem er die Fülle seiner Liebe, die ja doch der Grundton seiner Göttlichkeit ist, in der verschwenderischsten Weise auf seine Kinder ausgießt, die dann von diesen ihm wieder zuströmt.

Ein Entwicklungsstadium, das weit über dem des gewöhnlichen Menschen steht, zeigt uns der letzte Streifen rechts auf der Tafel III. Hier sehen wir den wahrhaft geistigen Menschen, dessen Bewusstsein sich sogar über den Kausalkörper erhebt, so dass er frei auf dem Buddhi-Plan wirken kann. Er kann sogar sein Selbstbewusstsein noch höher erheben, wenigstens dann, wenn er sich außerhalb des Körpers befindet. Man beachte, dass hier der Mittelpunkt des Bewusstseins, der durch den breitesten Teil des Streifens angedeutet wird, sich nicht wie sonst auf dem physischen und Astralplan befindet, sondern zwischen dem höheren Mental- und dem Buddhi-Plan. Die höheren Astral- und Mental-Regionen sind bei ihm stärker entwickelt als die niederen, und obgleich er einstweilen den physischen Körper noch besitzt, was dadurch angezeigt ist, dass der Streifen bis zur niedersten physischen Schicht reicht, so behält er ihn doch nur bei als Instrument seiner Wirksamkeit. Darum zeigt uns das Bild nur eine feine Spitze auf den niederen Plänen, da seine Gedanken und Wünsche sich keineswegs dort ansammeln. Schon lange hat er alles Karma, das ihn an das Rad der Wiederverkörperung band, abgearbeitet, und wenn er sich die Körper der drei unteren Pläne aneignet, geschieht es nur, um durch sie für das Wohl der Menschheit zu wirken und in diesen Schichten einen Einfluss auszuüben, der sonst nicht bis dahin gelangen könnte; denn die Schwingungen gewisser Arten der göttlichen Kräfte sind an sich zu fein, um sich in der gröberen Materie mitteilen zu können. Wenn sie aber durch die Vermittlung eines Menschen, dessen Körper vollkommen gereinigt sind, auf die unteren Pläne gelangen, so können sie dort Eindrücke aufnehmen und ihr Werk vollbringen.

50

Ein neu entstandener Kausalkörper ist durchsichtig und in allen Farben strahlend, wie eine riesenhafte Seifenblase – und so erscheint er auch dem höheren Hellseher, denn nur der, dessen Kausalkörper völlig entwickelt ist, kann ihn überhaupt erblicken. Auf dieser ersten Stufe gleicht er auch deshalb der Seifenblase, weil er innen leer erscheint, denn die göttliche Kraft, die ihn erfüllt, hatte noch keine Zeit, ihre latenten Eigenschaften zu entwickeln, indem sie auf von außen kommende Anregungen antwortet, weshalb auch so wenig Farbe an ihm sichtbar wird. Dieses Wenige ist die Folge von Eigenschaften, die schon in der Gruppenseele entwickelt wurden, deren Teil dieser Kausalkörper einst war, und indem diese Eigenschaften dem Inhalt des Kausalkörpers mitgeteilt werden, kann er schon auf gewisse Schwingungen reagieren, die sich aber in kaum bemerkbaren Abtönungen äußern. Tafel IV gibt uns eine klare Idee, wie der Kausalkörper auf dieser Stufe der Entwicklung oder bald nachher aussieht. Die Abbildung stellt den Kausalkörper des primitiven Menschen dar; die graue Schattierung am linken Rande der Eiform ist nicht der Ausdruck einer Eigenschaft, sondern ein Versuch des Malers, der Form den Anschein der Rundung zu geben.

Obgleich der Mensch nun im Besitz eines Kausalkörpers ist, so ist er noch weit entfernt von der Fähigkeit, Eindrücke aus jenem Plan zu empfangen oder darauf zu antworten, und da die Art und Weise, in der die latenten Eigenschaften sich entwickeln können, verlangt, dass es durch äußere Anregungen geschehen soll, muss er sie dort suchen, wo er durch sie erschüttert werden kann, und das ist fürs erste nur in der gröberen Materie möglich; darum besteht die Möglichkeit des Fortschrittes für ihn in den Inkarnationen – d. h. im Herabsenden eines Teiles seiner selbst in die unteren Pläne, um dort Erfahrungen zu sammeln und dadurch Eigenschaften zu entwickeln, die der Kausalkörper sich dann aneignet, indem er sich mit den Resultaten seines Strebens wieder in sich selbst zurückzieht. Man kann dieses Aussenden eines Teiles seiner selbst zur Inkarnation sehr wohl mit einer Kapitalanlage vergleichen. Man erwartet, außer der ausgegebenen Summe noch einen guten Teil Prozente zurückzuerhalten. Gewöhnlich gelingt das, doch geschieht es auch, dass, ähnlich wie bei anderen Spekulationen, ein Verlust anstatt des Gewinnes eintreten kann; denn zuweilen wird ein Teil des Herabgesandten so in die Materie verstrickt, dass es unmöglich wird, ihn wieder ganz zurückzurufen.

Es ist nicht meine Absicht, hier die verschiedenen Beweise für die Reinkarnationslehre aufzuzählen. Man kann sie in zahlreichen »Theosophischen Handbüchern« vollzählig aufgeführt finden.[12] Hier soll nur behandelt werden, was am Kausalkörper sichtbar wird; denn hoch entwickelte Hellseher können die Reinkarnation in ihrer ganzen Stufenfolge beobachten, und somit ist sie für viele Schüler der Theosophie keine Hypothese, sondern ein Gegenstand direkter Erkenntnis.

Die Seele steigt also herab, von dem angetrieben, was man im Orient »Trishna« nennt, von dem Durst nach Dasein, von dem Wunsch, sich lebend zu fühlen. Sie versenkt sich in das Stoffmeer, verstärkt sich durch Selbstsucht und zeigt sich dem astralen Hellseher in der wenig lieblichen Form, die auf Tafel VI abgebildet ist. Nur sehr allmählich lernt sie, dass es eine höhere Entwicklung gibt und diese Schale von Selbstsucht (die nötig war, um einen kräftigen Mittelpunkt zu erzielen) zum Hindernis wird, sobald der Mittelpunkt sich gebildet hat, und deshalb abgebrochen und entfernt werden muss, wie das Gerüst abgebrochen wird, sobald der Bau beendet ist.

Außerordentlich langsam, durch viele Inkarnationen hindurch, schreitet der Astralkörper der Tafel VI zu dem vor, den wir auf Tafel IX finden, und noch weitaus später bis zu dem auf Tafel XXII dargestellten. Wir wollen nun diese Evolution verfolgen und ihre verschiedenen Stufen bildlich darstellen und erklären.

---

12 Vgl. etwa:. Annie Besant, Wiederverkörperungslehre, Leipzig o. J.

XI

Wie der Mensch sich entwickelt

Zuerst steigt das menschliche Ego in den Stoff herab, der ihm am nächsten liegt, nämlich in die unteren Abteilungen des Mentalplanes, dort bildet er sich sofort und in einem gewissen Sinne selbsttätig eine ihn umgebende Hülle aus dem dort vorhandenen Stoff, die der genaue Ausdruck der in ihm vorhandenen Eigenschaften ist.

Man darf nie vergessen, dass jedes Niedersteigen in die Materie gleichbedeutend ist mit Einschränkung, und dass deshalb keine Kundgebung der Seele in einer niederen Region eine vollständig richtige Erscheinungsform derselben sein kann. Sie ist nur eine Andeutung der Eigenschaften, so wie ein Gemälde immer nur eine schwache Wiedergabe in zwei Dimensionen von einem wirklichen oder erdachten Vorgang in drei Dimensionen ist. Das Bild gibt, so gut es geht, auf einer Fläche mit Hilfe der Perspektiven das wieder, was es darstellen will, jedoch wird natürlich jede Linie und jeder Winkel den Linien und Winkeln unähnlich sein, die es darstellen soll. In ähnlicher Weise kann auch die wahre Eigenschaft, die in der Seele vorhanden ist, keineswegs ganz auf einem niederen Plan wiedergegeben werden, dazu ist der Stoff zu spröde und zu grob. Die Saite ist nicht genügend stramm gespannt, um den Ton wiederzugeben, der von oben herab erklingt. Die Saite kann jedoch so gestimmt werden, dass sie auf einer niederen Oktave mit diesem Ton im Einklang ertönt, wie die Stimme eines Mannes, der mit einem Knaben zusammen singt, den Ton, so gut es das tiefere Organ gestattet, harmonisch anzupassen versucht.

So werden sich auch die Farben, die eine Eigenschaft im Kausalkörper anzeigen, im Mentalen und Astralen wiederfinden, doch je tiefer man herabsteigt, an Leuchtkraft und Feinheit abnehmen. Der Unterschied zwischen diesen Farboktaven ist bedeutend größer, als es möglich ist, ihn auf Papier oder Leinwand wiederzugeben. Wir können ihn nur durch Abstufungen andeuten, denn selbst die der physischen nächstliegende Oktave ist für uns völlig unbegreiflich, solange wir nur mit unserem beschränkten physischen Gehirn arbeiten. Man kann die niedrigsten Astralfarben wohl als dunkel und trübe bezeichnen, und sie sind es auch im Vergleich mit den lichteren Schattierungen; jedoch sind sie in ihrer Trübheit immerhin leuchtend, sie sind nicht das, was wir in unserem Sinne als dunkle Farben verstehen, sie sind vielmehr trüb leuchtendes Feuer.

Bei jeder aufsteigenden Stufe finden wir, dass der feinere Stoff eine ausgedehntere Macht des Ausdruckes für edlere Eigenschaften entfaltet, während er allmählich die Möglichkeit verliert, einige der niederen anzuzeigen. So kann z. B. die besonders widrige Farbe, die im Astralkörper niedere Sinnlichkeit veranschaulicht, gar nicht im Mentalstoff wiedergegeben werden. Man könnte nun wohl einwenden, dass dieses nicht zutreffen kann, da ja auch sinnliche Gedanken auftauchen mögen, doch dieser Einwurf entspricht nicht den Tatsachen. Ein Mensch kann sich wohl ein Mentalbild sinnlicher Vorgänge aufstellen, aber Bild und Vorstellung werden nicht im Mentalstoff, sondern im Astralstoff ihren Ausdruck finden. Sie werden dem Astralkörper eine spezielle Färbung verleihen, im Mentalkörper werden sich dagegen nur die Töne der verwandten Eigenschaften, wie Selbstsucht, Verstellung oder Heuchelei, zeigen. Diese können wiederum keinen Ausdruck in der leuchtenden Herrlichkeit des Kausalkörpers finden, doch jedes Bestärken derselben im Mentalkörper, jedes Nachgeben an sie, wird das Leuchten der Töne herabstimmen, die das Vorhandensein der entgegengesetzten Tugenden auf jener höheren Daseinsform darstellen, die der Wirklichkeit um so viel näher steht.

Der Prozess, der die Farben hervorruft, wirkt immer von unten nach oben. Der Mensch erfährt irgendeine Anregung von außen, und als Antwort darauf wird eine Empfindungswelle im Inneren losgelöst, d. h. während der Dauer dieser Empfindung herrscht die Färbung, die deren Schwingungen entspricht, im Astralkörper vor, wie es unsere Abbildungen zeigen werden. Nach einer Weile erstirbt die Empfindung, und die ihr entsprechende Farbe verschwindet. Sie verschwindet jedoch nie vollständig, denn ein kleiner Teil des Stoffes im Astralkörper behält diesen Rhythmus der Schwingungen bei, und jeder große Ausbruch der gleichen Empfindung verstärkt diesen Teil.

So haben die meisten Durchschnittsmenschen eine gewisse Neigung zur Reizbarkeit, die sich durch eine rötliche Wolke im Astralkörper ausdrückt. Gibt sich nun diese Reizbarkeit durch einen Zornesausbruch kund, so übergießt sich der Astralkörper mit Scharlachrot. Legt sich der Zorn wieder, so verschwindet die rote Färbung, aber sie hat ihre Spuren hinterlassen; die rote Wolke hat an Größe zugenommen, und die ganze Materie des Astralkörpers ist von nun an etwas geneigter, der Reizbarkeit bei nächster Gelegenheit nachzugeben. Ganz dasselbe geschieht in Bezug auf die anderen Empfindungen, die guten sowohl wie die bösen. Hier also beweist die Materie deutlich die Wahrheit des Moralgesetzes, dass wir uns durch das wiederholte Hingeben an die Leidenschaft den Widerstand gegen sie erschweren, während jedes gelungene Streben, sie zu unterdrücken, den nächsten Kampf erleichtert.

Eine verhältnismäßig andauernde Färbung im Astralkörper deutet auf eine beständige Schwingung hin, die im Laufe der Zeit ihre Wirkung auch auf den Mentalkörper erstreckt und in diesem feineren Stoff eine analoge Schwingung hervorruft, vorausgesetzt sie ist von der Art, dass sie sich diesem feineren Stoff mitteilen kann. Dieser eben geschilderte Vorgang hat natürlich auch Bezug auf den Kausalkörper, und es ist ein Glück für uns, dass nur die besten und reinsten Gefühle und Eigenschaften, die während des Lebens in den niederen Körpern ausgearbeitet werden, bis zum Kausalplan aufsteigen können.

Somit entwickelt der Mensch in seinen vielen Lebensläufen verschiedene Eigenschaften, sowohl gute als auch schlechte. Doch während die guten beständig aufgespeichert und innerhalb des Kausalkörpers aufbewahrt werden, können die tierischen nur in den niederen Trägern zum Ausdruck kommen und sind daher nur von verhältnismäßig kurzer Dauer. Unter dem machtvollen Gesetz der göttlichen Gerechtigkeit erfährt jeder die notwendigen Wirkungen seiner eigenen Handlungen – der guten wie der bösen. Die letzteren aber wirken nur auf die unteren Pläne und gelangen da zum Abschluss, da ihre Schwingungen nur dort ihren Ausdruck finden, sie besitzen keine feineren Schwingungen, die im Kausalkörper nachklingen könnten. Ihre Kraft ist daher auf den eigenen Plan beschränkt und wirkt mit aller Energie während seines physischen und astralen Lebens auf ihren Schöpfer zurück, sei es nun in dieser oder in einer künftigen Inkarnation.

Die gute Handlung und der gute Gedanke haben auch ihre Wirkung auf diesen niederen Plänen, aber außerdem eine größere und dauernde auf den Kausalkörper, der eine so hervorragende Rolle bei der menschlichen Evolution spielt. Gutes wie Böses zeitigen ihre Wirkungen auf Erden, aber das Gute allein verbleibt als Gewinn für den wahren Menschen. Bei jeder neuen Inkarnation trifft er wieder das Übel an, wie er es einst verlassen hat, bis er es besiegt und schließlich aus seinem Körper jede Neigung, darauf zu reagieren, ausgerottet hat. Das geschieht so lange, bis er sich von keiner Begierde, von keiner Leidenschaft mehr hinreißen lässt, sondern gelernt hat, sich selbst von innen heraus zu beherrschen.

Die Wirkungen des Guten und Bösen schildert C. Jinarajadasa sehr anschaulich im IV. Kapitel seines Buches »Die ersten Grundlagen der Theosophie«. Jinarajadasa schreibt unter anderem:

»Der Mensch erkennt nach und nach, indem sich sein Wissen allmählich erweitert, dass die Welt, in der er lebt, eine Welt des Gesetzes ist …

Die moderne Wissenschaft ist bereits mit dem Gedanken vertraut, dass das ganze Universum ein Ausdruck von Energie ist …

Diese Energie verändert sich beständig. Bewegung wandelt sie in Hitze oder Elektrizität, wandelt Elektrizität in Magnetismus – eine Erscheinungsform geht in die andere über. Der Mensch ist an sich eine Ansammlung von Energie …

Energie, die vom Menschen in freundliche Handlungen umgesetzt wird, ist äußerst segensreich, und wir nennen diesen Gebrauch »gut«. Wird die Energie dazu benutzt, um andere zu kränken, so nennen wir diesen Gebrauch »böse«. Der Mensch ist, so lange er lebt, ein Umwandler. Die universelle Energie strömt in ihn ein, und er wandelt sie um in Gottesdienst oder Unrecht.

Wie wir Energie umwandeln – zeigt uns Karma ...

Wenn wir versuchen wollen, Karma zu verstehen, so muss es uns vor allem klar sein, dass wir ständig Kräfte und deren Wirkungen austauschen. Die Kräfte gehören entweder der Physischen (der Bewegungswelt), der Astralen (der Gefühlswelt) oder der Mentalen (der Gedankenwelt) an.

Wir setzen drei Arten von Kräften in Bewegung, die erste durch die Tätigkeit unseres physischen Körpers, die zweite durch die Gefühle unseres Astralkörpers und die dritte durch die konkreten und abstrakten Gedanken unseres Mental- und Kausalkörpers. Streben, Träumen, Planen, Denken, Fühlen oder Handeln setzt Kräfte dreier Welten in Tätigkeit, und je nachdem wie wir diese Kräfte in Tätigkeit setzen, helfen oder behindern wir. Die Kräfte, die wir auf allen Plänen benutzen, gehören der Energie des Logos an. Wir sind nur Umwandler dieser Energie. Da wir fähig sind, die Energie zu benutzen und umzuwandeln, so ist es sein Wille, dass wir sie zur Förderung seines Heilsplanes einsetzen. Dienen wir dem Heilsplan, so sind unsere Handlungen »gut«, hindern wir ihn, so sind sie »böse«. Da wir in jedem Augenblick unseres Daseins Kräfte wandeln, so unterstützen oder hemmen wir seinen Plan jederzeit.

Da der Mensch kein gesondertes Einzelwesen ist, sondern als Einheit einer Menschheit von Milliarden von Einzelwesen angehört, so berühren seine Handlungen, Gefühle und Gedanken jeden einzelnen seiner Weggenossen, je nach den Beziehungen, in denen er als Kraftverteiler zu ihnen steht. Jede Kraftanwendung, die dem Ganzen, dessen Teil er ist, hilft oder es hemmt, hat für ihn eine Folge. Diese Folgen sind mit den ihnen zugrunde liegenden Ursachen kurz in folgendem Diagramm niedergelegt.

HANDLUNG UND FOLGE			
Kausal	Streben	Ideale	☆
Mental	Suchen nach Wahrheit Böswillige Kritik	Inspiration Qual	○ ○
Astral	Zuneigung Abneigung	Freude Schmerz	⊖ ⊖
Physisch	Gute Taten Böse Taten	Gute Lebensverhältnisse Schlechte Lebensverhältnisse	⊕ ●

Jede Kränkung, die wir ins Universum hinaussenden (im Diagramm schwarz bezeichnet), ist eine Kraft, die sich in der Kränkung, die wir einem anderen zufügten, auswirkt.

Das universale Gleichgewicht diesem anderen gegenüber ist aber hierdurch gestört worden, und es muss nun auf Kosten des Schuldigen wiederhergestellt werden. Das Karma, das er sich durch die Kränkung schuf, sind »schlechte Lebensverhältnisse«. Sie sind die Kraft, die durch den Beleidigten, als dem Schwingungsverstärker, ausgelöst wurde und die nun das Gleichgewicht wiederherstellt. Ebenso verhält es sich mit jeder guten Tat. Ihr Karma oder ihre Reaktion ist eine Kraft, die jene materiellen Umstände hervorruft, die gute Lebensverhältnisse schaffen. Ferner ist zu bemerken, dass im Universum jeder Krafttypus auf seinem eigenen Plan wirksam ist. Wenn ein Mensch, erfüllt von Mitleid und Zuneigung, einem Bettler ein Almosen reicht und der andere ihm etwas gibt, nur um sich seiner zu entledigen, so vollbringen beide eine gute Tat, und das Karma, das sie sich auf dem physischen Plan schaffen, lautet für beide – gute Lebensverhältnisse. Der erste Geber hat sich aber durch sein Mitleid und seine Zuneigung auch auf dem Astralplan gutes Karma geschaffen, und es wirkt sich als Freude aus. Der andere hat sich dieses Karma nicht geschaffen. Wenn man einem Leidenden nichts zu geben ver-

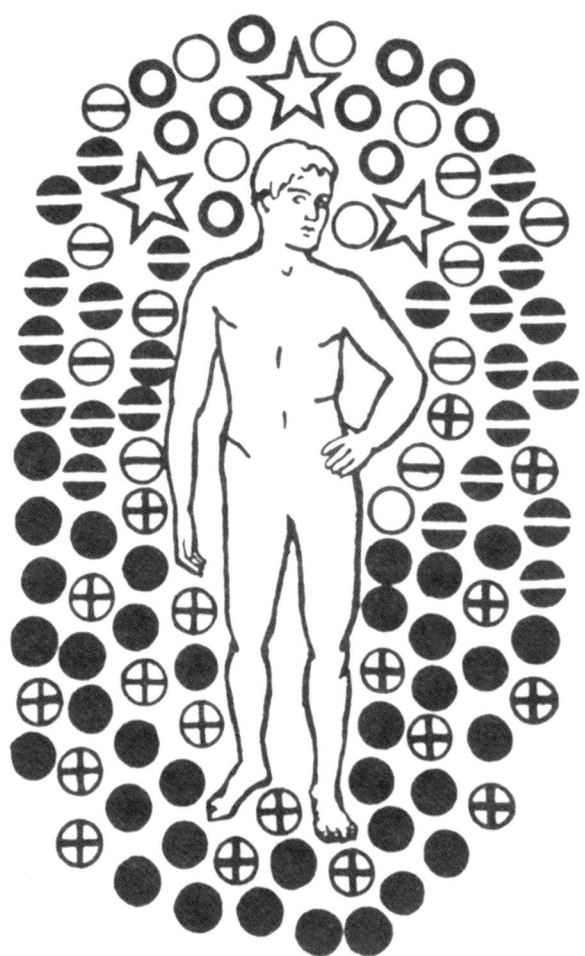

mag als Mitgefühl, so schafft man sich seelische Freude dadurch, aber keine guten Lebensverhältnisse.

Zur besseren Erläuterung dieses schwierigen Gegenstandes haben wir für jeden Krafttypus, der Karma schafft, ein bestimmtes Symbol angenommen. (Siehe letzte Abteilung im Diagramm). Diese Kreise und der Stern sind nichts als Symbole. Auf dem höheren Mentalplan, wo die Seele des Menschen im Kausalkörper weilt, ist das Böse »eine Null, ein Nichts, eine Stille, die den Laut in sich schließt«. Dem Streben des höheren Ich setzt sich keine Kraft des Bösen entgegen. Eine böse Persönlichkeit ist nicht ein böses Ich. Sie ist die Erscheinung eines unentwickelten Ichs in einem irdischen Körper. Ihre Energie ist noch zu schwach, um ihren physischen Träger lenken zu können.

Jeder von uns, der ein Erdenleben beginnt, hat eine lange Reihe von Leben hinter sich, er bringt gutes und böses Karma mit sich und nimmt seine Arbeit auf Erden wieder auf. Dieses Karma besteht, wie bereits erläutert wurde, aus Kräften, und die folgende Figur ist ein Versuch, den Menschen als Stützpunkt für die Auslösung guter und böser Kräfte, die er selbst schuf, darzustellen.

Wenn wir die Figur betrachten, werden wir anfänglich beeindruckt werden durch das Vorherrschen der Qual, der Schmerzen und Nöte, die der Mensch sich schuf. Wir sehen nur drei Ideale. Wir dürfen aber nicht vergessen, dass die Kräfte nicht auf allen Plänen die gleiche Macht haben, um ein Menschenschicksal zu bilden. Eine Ansammlung von physischen Kräften, die gute Lebensverhältnisse schaffen, enthält nicht den hundertsten Teil der Macht, die eine Ansammlung mentaler Kräfte in sich schließt, die ein Ideal schaffen. Wenn wir den Wert einer physischen Krafteinheit mit 1 bezeichnen, so übertreiben wir nicht, wenn wir eine astrale Einheit mit 5, eine Einheit des niederen Mentalplanes mit 25 und eine des höheren Mentalplanes mit 125 bezeichnen. Wenn ein Mensch karmisch auch viel Qual, Schmerzen und Not zu erleiden hat und nur über wenige Ideale verfügt, so können wir sein Leben als einen Erfolg und nicht als einen Fehlschlag bezeichnen. Andererseits kann ein Mensch in guten Lebensverhältnissen stehen und von viel Freude umgeben sein, wenn aber sein Verstand keiner Inspiration zugänglich ist, so ist sein Leben, wenn auch äußerlich angenehm, so doch völlig gehaltlos.

Wenn wir das Leben der uns umgebenden Männer und Frauen betrachten, so ist es kaum eine Übertreibung, zu behaupten, dass sich heutzutage in den meisten Leben mehr böses als gutes Karma auswirkt, dass im Allgemeinen mehr mühselige Plage und Kummer als heitere Arbeit und Freude zu finden sind. In der gegenwärtigen Entwicklungsstufe der Menschheit bringen uns die in uns angesammelten Kräfte mehr Kummer als Vergnügen. Das Böse ist stärker als das Gute, denn wir haben in unseren vergangenen Leben nicht danach gestrebt, uns von Weisheit lenken zu lassen. Wir haben es vorgezogen, ein eigennütziges Leben zu leben und haben uns wenig darum gekümmert, ob wir andere durch unseren Egoismus verletzten. Jede karmische Kraft muss ihre Energie entladen, denn »Was ein Mensch sät, das soll er ernten.«

Erntet der Mensch, so werden die karmischen Kräfte sorgfältig ausgeglichen, so dass sich beim Ausgleich des Guten und Bösen ein, wenn auch geringes, Überwiegen des Guten ergibt. Werden wir geboren, so werden alle unsere karmischen Kräfte, die guten sowohl als auch die bösen, in Tätigkeit versetzt. Wenn mehr böse als gute Kräfte in uns wirken, wird unser Leben so überlastet von Kummer und Trübsal, dass wir wohl mutlos dem Lebenskampf gegenüber stehen. Kämpfen und siegen wir, so vermehren wir das Gute an Stelle des Bösen, und wenn die Seele sich wieder inkarniert, wird ein sorgfältiger Ausgleich hergestellt.

Die »Herren des Karma«, diese segensreichen Intelligenzen, die im Plan des Logos als Gebieter des Karma wirken, vollführen diese Arbeit. Sie belohnen und strafen nicht, sie gleichen nur die Wirkungen unserer eigenen Kräfte aus, so dass Karma uns ein Vorwärtsschreiten in der Evolution ermöglicht« …

XII

Was seine Körper uns zeigen

Der Lernprozess schreitet ganz allmählich vorwärts, und die ersten Kundgebungen des unentwickelten Menschen auf den unteren Plänen sind keineswegs schön zu nennen. Wir haben für unsere Abbildung nicht den Urmenschen gewählt, denn bei dem gibt es wenig abzubilden. Tafel IV gibt uns den Kausalkörper eines unentwickelten Menschen, der sehr wohl einen Mentalkörper, wie auf Tafel V, und einen Astralkörper, wie auf Tafel VI abgebildet, besitzen könnte.

Es ist zu bemerken, dass alle diese Körper räumlich nicht voneinander getrennt sind und einander durchdringen, so dass, wenn wir den unentwickelten Menschen vom Standpunkt des Hellsehers aus betrachten, sein physischer Körper wie von einem leichten Nebel umgeben erscheinen würde, der, je nach der Art unseres Hellsehens, sich als der Tafel IV, V, oder VI entsprechend darstellen würde. Setzten wir unseren Astralsinn ein, so könnten wir nur seinen Astralkörper erblicken und sähen dann, welche Leidenschaften, Gefühle und Empfindungen ihn in diesem Augenblick beherrschten und welche in ihm schon zur Gewohnheit wurden. Denn es ist das Feld des Wunsches, der Spiegel, der jede Empfindung sofort wiedergibt, in dem sich sogar alle persönlichen Gedanken zeigen. Aus dem Stoff dieses Körpers schöpfen die dunklen Elementarwesen, die vom Menschen durch böse Wünsche und boshafte Gedanken erschaffen werden, ihre Formen; doch ebenso werden die Formen der guten Elementarwesen, die durch Dankbarkeit, Liebe und fromme Wünsche ins Leben gerufen worden sind, ihm entnommen. Wie man voraussetzen kann, sind die Kundgebungen in diesem Körper von kurzer Dauer. Seine Farben, seine Leuchtkraft, seine Wallungen ändern sich in jedem Augenblick. Ein Zornesausbruch wird den Astralleib ganz und gar mit dunkelroten Blitzen auf schwarzem Grund überströmen. Ein plötzlicher Schrecken wird sofort alles mit einem hässlichen fahlen Schleier umhüllen. Jedoch gibt es Augenblicke, in denen dieser Gefühlsträger, der sich in ewigem Fluss befindet, verhältnismäßig ruhig ist, und dann zeigt er eine Ansammlung von Farben, die sich mehr oder weniger gleich bleiben. Einen solchen Moment zeigt uns Tafel VI. Hier können wir dann einiges über jenen Mann erfahren.

Würden wir das Hellsehen auf dem Mentalplan anwenden, dann könnten wir den Mentalleib des unentwickelten Menschen erblicken, und er gliche wohl sehr dem Bild auf Tafel V. Er entspricht dem Astralleib in Bezug auf die Farbähnlichkeit; doch ist in ihm weit mehr zu sehen, denn hier findet sich alles, was der Mensch an Geist und Verstand aufweisen kann – bei dem abgebildeten unentwickelten Menschen ist es zwar nicht viel, doch ist es von großer Bedeutung für die zukünftige Entwicklung, wie wir später sehen werden. Hieraus können wir also erfahren, auf welcher Entwicklungsstufe der Mensch steht und welchen Gebrauch er von seinem Leben in der jetzigen Inkarnation gemacht hat.

Doch wenn wir so glücklich sind, vollkommen hellsehend auch auf dem Mentalplan zu sein, dann können wir auch den Kausalleib des unentwickelten Menschen betrachten und erfahren, wie weit sein wahres – sein Seelenleben – fortgeschritten ist, und wie weit sich sein Ego in der Richtung zur Göttlichkeit hin entfaltet hat. Vor dem geübten Hellseher, der sein Schauen auf allen Plänen nacheinander anzuwenden versteht, liegt somit das ganze Leben des Menschen in allen seinen Stadien wie ein offenes Buch; denn auf diesen höheren Plänen kann sich niemand verstellen. Jeder vorurteilsfreie Beschauer sieht ihn so, wie er ist.

XIII

Die Farben und ihre Bedeutung

Ehe wir die Einzelheiten in den verschiedenen Körpern mit Verständnis betrachten können, müssen wir uns mit der allgemeinen Bedeutung der Farbschattierungen bekannt machen, welche die Farbtafel uns gibt. Außer den vorliegenden gibt es natürlich eine nicht darstellbare Menge von Variationen, die durch Mischung und Verbindung der Farben entstehen. Ich bemühe mich, hier nur die genauen Schattierungen anzugeben, die der unvermischten, einfachen Empfindung zukommen. Allerdings sind die menschlichen Empfindungen nie ganz rein von Beimischungen, weshalb wir fortwährend schwer darstellbare Farbenverschmelzungen zu bestimmen haben, bei deren Entstehen die verschiedensten Faktoren mitsprechen.

So ist beispielsweise der Zorn durch Scharlachrot gekennzeichnet und Liebe durch Hochrot und Rosa, doch sowohl Zorn als auch Liebe sind oft stark mit Selbstsucht verbunden, weswegen die Reinheit dieser Farben fast immer durch das hässliche Braunrot getrübt wird, das diesem Laster eigentümlich ist; auch können beide vom Stolz beeinflusst werden, und dann wird eine Beimischung von Dunkelorange eintreten. Wir werden späterhin vielen Beispielen solcher Mischungen in der Färbung begegnen. Doch zuerst wollen wir uns mit den einfachen Farben befassen und hier eine Aufzählung der bekanntesten folgen lassen:

SCHWARZ

Dichte schwarze Wolken im Astralleib sind ein Zeichen von Hass und Bosheit. Wenn sich jemand einem Ausbruch heftigen Zorns hingibt, dann kann man gewöhnlich die schrecklichen Gedankenformen des Hasses gleich schweren Ruß- und Rauchwolken in dessen Aura wahrnehmen.

ROT

Dunkelrote Blitze, meistens auf schwarzem Grund, sind Zeichen des Zornes. Sie sind mehr oder weniger mit Braun gefärbt, je nach dem ob der Zorn auf Selbstsucht beruht oder nicht. Was man gewöhnlich mit edler Entrüstung bezeichnet, hervorgerufen durch Ungerechtigkeit und Unterdrückung anderer, wird sich durch lebhafte Scharlachblitze auf dem gewöhnlichen Untergrund der Aura zeigen.

Hässliches Blutrot – eine Färbung, die leicht zu erkennen, aber schwer zu beschreiben ist – zeigt Sinnlichkeit an.

BRAUN

Glanzloses Rotbraun, beinahe Rostfarbe, bedeutet Geiz und legt sich gewöhnlich in Parallelreifen um den Astralkörper, dem es ein sonderbares Ansehen verleiht.

Glanzlos hartes Graubraun weist auf Selbstsucht hin und ist leider eine der gewöhnlichsten Farben des Astralleibes. Grünliches Braun, von dunkelroten und scharlachfarbenen Strahlen durchsetzt, deutet auf Eifersucht hin, und beim verliebten Durchschnittsmenschen findet sich gewöhnlich eine gehörige Menge dieser Farbe.

GRAU

Schweres, bleifarbenes Grau bedeutet Niedergeschlagenheit, und wo diese zur Gewohnheit wird, bietet sie einen betrüblichen Anblick. Auch diese Farbe hat, wie der Geiz, die Neigung, sich in Parallellinien zu verteilen, so dass es in beiden Fällen den Eindruck hervorruft, als sei das unglückliche Opfer in einer Art astralem Käfig eingeschlossen. Hässliches Fahlgrau, eine sehr widerliche Farbe, bedeutet Furcht.

PURPUR

Purpur bedeutet Liebe und ist oft die schönste Farbe in den Körpern des Durschnittsmenschen. Natürlich wechselt die Färbung ungemein, je nach der Natur der Liebe. Sie wird dunkel, glanzlos und stark mit dem Braun der Selbstsucht vermischt sein, wenn der Liebende hauptsächlich nur daran denkt, ob der andere ihm auch die gewünschte Zuneigung entgegenbringt und ob seine Liebe auch entsprechend geschätzt wird. Doch da, wo die Liebe nicht an sich selbst denkt, nur zu geben wünscht und sich freiwillig und gerne für das geliebte Wesen opfern würde, drückt es sich in einem äußerst lieblichen Rosa aus, und wenn dieses Rosa ganz besonders leuchtend und mit Lila gemischt ist, dann ist es die geistige Liebe zur Menschheit. Zwischen diesen beiden liegen zahllose Schattierungen, denn die Zuneigung kann noch von anderen Gefühlen, z. B. von Stolz und Eifersucht, beeinflusst werden.

ORANGE

Orange ist immer der Ausdruck von Stolz und Ehrgeiz und hat fast ebenso viele Schattierungen wie die vorhergehende, je nach der Natur des Stolzes oder des Ehrgeizes. Es ist oft mit Reizbarkeit verbunden.

GELB

Gelb ist eine wünschenswerte Farbe, da sie immer Intelligenz anzeigt. Auch hier gibt es viele Abtönungen und Vermischungen mit anderen Farben. Im Allgemeinen ist es dunkler und glanzloser, wenn der Verstand auf Niederes gerichtet ist, besonders wenn Selbstsucht hinzukommt, doch wird das Gelb goldig leuchtend, wenn der Mensch sich auf Höheres und Selbstloseres richtet. Ein helles Zitronen- und Schlüsselblumengelb bedeutet Vernunft.

GRÜN

Keine Farbe hat so viele Bedeutungen wie diese, und es gehört ein Studium dazu, um sie voll und ganz zu erklären. Fast immer bedeutet sie Anpassungsvermögen. Ist die Farbe getrübt, was in den ersten Entwicklungsstadien immer der Fall ist, so zeigt sie Schlauheit und Betrug, ist sie klar und leuchtend, so zeigt sie einen praktischen Sinn an.

GRAUGRÜN

Eine schwer zu beschreibende Färbung, die man am besten mit schleimig bezeichnet, drückt Verrat und Schlauheit aus und findet sich vorherrschend im Astralkörper eines rohen Menschen. Unglücklicherweise fehlt sie aber

67

auch nicht bei den so genannten Zivilisierten, die doch schon längst die Evolutionsstufen, in denen sie vorherrscht, hinter sich haben sollten. Mit dem Fortschreiten des Menschen verwandelt sie sich allmählich in ein helles Smaragdgrün, das auch rasches Anpassungsvermögen, Offenheit, Freisinnigkeit und eine praktische Begabung bekundet und keine böse Beimischung hat. Es zeigt nur, dass man gerne allen Menschen alles sein möchte, nicht um sie zu betrügen oder zu hintergehen, sondern um ihnen zu gefallen, von ihnen gelobt und geehrt zu werden, und später, durch das Einwirken des Verstandes, kommt der Wunsch dazu, zu helfen und nützlich zu sein. Zuweilen wird es zu einem lieblich blassen, leuchtenden Blaugrün, wie man es manchmal beim Sonnenuntergang am Himmel beobachten kann, und dann deutet es auf eine der vorzüglichsten Eigenschaften der Menschennatur hin – tiefe Sympathie und großes Mitleid, das sich wieder in praktischer Hilfe äußern kann. Ein helles Apfelgrün scheint auf einen Überschuss von Lebenskraft hinzuweisen.

BLAU

Ein schönes Dunkelblau bedeutet gewöhnlich Religiosität, doch hat diese unendlich viele Schattierungen, von Frömmelei bis zur Heiligkeit, vom selbstsüchtigen Glauben bis zur Herzenslauterkeit. Diese Farbe kann von fast allen oben erwähnten Farben abgetönt werden, so dass wir vom reinen Indigo und herrlichen Blauviolett bis zum schmutzigen Graublau, der Farbe eines Fetischanbeters, herabsteigen können. Die Farben der Liebe, der Furcht, der Falschheit und des Stolzes können sich mit jener der Religion vermischen, so dass wir eine Menge Variationen erhalten.

Hellblau, an Kobalt und Ultramarin erinnernd, ist die Farbe der Hingabe an ein hohes Ideal und kann sich bis zu einem leuchtenden Blaulila verfeinern, einem Zeichen höherer geistiger Entwicklung. Dies ist gewöhnlich von flimmernden goldenen Sternen begleitet, die ein erhabenes geistiges Streben andeuten.

Es ist leicht begreiflich, dass sich eine Menge von Schattierungen und Tönen zu bilden vermögen und daher auch die feinsten Abstufungen des Charakters und die flüchtigsten Empfindungen mit größter Genauigkeit erkannt werden können. Die Leuchtkraft des Astralleibes, die Schärfe oder

Verschwommenheit der Umrisse, der Glanz der verschiedenen Kraftzentren müssen beachtet werden, wenn man richtig ablesen will, was da geschrieben steht. Es muss hier noch erwähnt werden, dass ein Erlangen und Entwickeln von Seelenkräften durch Farben angezeigt wird, die jenseits des Sonnenspektrums liegen. Infolgedessen ist es unmöglich, sie mit unseren Farben anzudeuten. Ultraviolette Töne zeigen die höheren, edleren Kräfte an, während widerliche Töne des Ultraroten von böswilliger, selbstsüchtiger Magie reden. Geistige Fortschritte zeigen sich aber nicht allein in diesen Farben, sondern in der größeren Leuchtkraft aller Körper, die dann an Größe zunehmen und feste Umrisse gewinnen.

XIV

Das Abbild des Physischen

Bevor wir die Abbildungen einzeln behandeln, sei hier noch eine allgemeine Betrachtung eingefügt. Man wird bemerkt haben, dass innerhalb der Eiform die Umrisse des physischen Körpers leicht angedeutet sind, um dem Beschauer ein Verhältnis zur Nebelwolke zu geben. Es darf jedoch nicht vergessen werden, dass das nur eine Andeutung und keine Abbildung ist. Es ist durchaus nicht richtig zu glauben, dass die Astral- und Mentalformen in Wirklichkeit so schwer zu erkennen und zu bestimmen sind, wie es scheint. Es ist allerdings unmöglich, auf einer Flächenzeichnung alle Seiten einer Figur, die einem anderen Naturreich angehört, wiederzugeben, und deshalb wurden einige Eigentümlichkeiten dieser höheren Körper absichtlich ignoriert oder nicht besonders hervorgehoben, um den speziellen Zweck dieses Buches nicht zu beeinträchtigen, der sich darauf beschränkt zu zeigen, wie die Evolution des Menschen sich durch Färbung seiner verschiedenen Körper kennzeichnet.

Es ist denn auch kein Versuch unternommen worden, die sieben Chakras oder Kraftzentren (Lotosblüten) darzustellen, obgleich diese in allen Körpern vorhanden sind und in einigen Fällen höchst deutlich hervortreten würden. Auch hat der Künstler gar nicht versucht, die wunderbare Opalfarbe der Umhüllung dieser Eiformen wiederzugeben oder die dichte Wolke von Gedankenformen, die jeden umgibt. Auch die Stoffansammlung, welche die menschliche Gestalt so ganz und gar wiedergibt, ist nicht gezeichnet worden, und von dieser letzteren sollen hier ein paar Worte zur Erklärung gesagt werden.

Wenn wir unseren Nächsten mit unserer Astralsehkraft während seines wachen Zustandes betrachten, finden wir, dass er fast ganz so wie gewöhnlich ausschaut, nur ist er mit einem feinen Nebel umgeben, in dem wir bei aufmerksamer Beobachtung das Auf- und Niederwallen verschiedener Farben wahrnehmen können. Wie kommt es nun, dass sein Gesicht und seine Glieder von uns gesehen werden, da wir doch wissen, dass die Astralmaterie, mit der wir es beim Schauen zu tun haben, nicht auf physische Schwingungen reagiert? Die Antwort darauf ist, dass wir ja nicht seinen physischen Körper sehen, sondern dessen astrales Abbild, das fast ganz die gleiche Form wiedergibt, selbst wenn der Mensch seinen physischen Körper verlässt, sei es zeitweilig, während des Schlafes, oder für immer nach dem Tode. Auch dann behält er diese Form eine Zeit lang bei.

Wir sahen auf Tafel I, dass der Astralstoff seine sieben Unterabteilungen, Zustände oder Dichtigkeitsgrade hat, die denen des physischen Planes entsprechen. Es liegt hier aber mehr als eine bloße Ähnlichkeit vor, denn es findet eine intensive Anziehung statt. Jedes Teilchen der physischen Materie wird durchdrungen und hat einen Widerpart in gewissen Teilen der niedrigsten Unterabteilung des Astralstoffes, den wir der Kürze halber den »festen Astralstoff« nennen wollen – obgleich das einen sichtlichen Widerspruch einschließt, – denn Festigkeit ist wohl das Letzte, was man vom Astralstoff sagen kann. Ebenso hat jedes flüssige physische Partikelchen ein ihm entsprechendes flüssiges Astralteilchen und so weiter. Alle diese analogen Teile sind schwer voneinander zu trennen.

Wenn das Ich nun zur Geburt herabsteigt, so zieht es Stoffteile aus allen Plänen, die es passiert, an sich, z. B. die Mental- und Astralmaterie nimmt sofort die Eiform an, die auf diesen niederen Plänen der Ausdruck der wahren Form des Kausalkörpers ist. Wenn nun diese Form den neu entstandenen kleinen physischen Körper umgibt, so beginnt sofort dessen Anziehungskraft auf die bis dahin durcheinander gewürfelten Astral- und Mentalatome in Tätigkeit zu treten. Die starken Vibrationen der feineren Partikel unterwerfen sich nicht leicht dieser Kontrolle, doch während des Wachstumes des Kindes wird der Einfluss immer stärker, so dass die erwachsene Person ungefähr neunzig Prozent ihres Astralleibes innerhalb ihrer Fleischhülle einschließt. Damit soll nicht gesagt werden, dass jedes Teilchen beständig seinen Platz behält, denn die Atome sind in steter Bewegung und strömen ein und aus, aber im Großen und Ganzen bleibt das Verhältnis doch stetig. Dadurch wird bewirkt, dass wir mit unserem Astralsinn unsere Freunde als menschliche Gestalten wahrnehmen, die aus scheinbar sehr dichtem und festem Nebel gebildet und von einer durchsichtigen eiförmigen Nebelwolke umgeben sind, und da jeder Zug die uns wohl bekannten Formen genau wiedergibt, so erkennen wir sie sofort.

Doch dieses ist nicht alles; es tritt noch ein Gewohnheitsgesetz hinzu, nach dem die Astral- und Mentalteilchen, die sich an diese Form gewöhnten, diese auch beibehalten, wenn der dichte Körper, der sie hervorrief, vom Tod zerstört wurde, weshalb es so leicht ist, einen Menschen auch nach seinem Tod zu erkennen. Zeitweise können Änderungen eintreten, da die feinere Materie sich leicht von jedem flüchtigen Gedanken beeinflussen lässt; doch kaum verschwindet der Gedanke, so gleiten die Atome wieder in die gewohnte Form zurück.

Ein langsam wirkender und anhaltender Gedankeneinfluss kann aber mit der Zeit eine große Veränderung hervorbringen. Niemand stellt sich selbst hinfällig, niedergedrückt und runzlig vor, und obgleich der Körper gleich nach dem Tod alle diese Merkmale aufweist, so bringt doch die unbewusste Vorstellung, die der Mensch von sich hat, ihm allmählich das Aussehen der Jugend wieder zurück. So kann es kommen, dass ein Mann, der sich nach seinem Tod seinen Freunden zeigt, jünger erscheint, als bei seinem Sterben.

Ein anderer Faktor aber, der dazu beiträgt, die Astralform unverändert nach dem Tod zu erhalten, ist der von anderen zugeschickte Gedanke. Wenn sowohl lebende als auch tote Freunde an den Menschen denken, so tun sie es natürlich in der Form, in der sie ihn kannten. Jeder Gedanke ist aber eine aufbauende Kraft und wirkt ungemein auf diese Bildung des Menschen.

Aus all diesem lernt nun der Leser, dass, wenn er die Fähigkeit erlangte, einen Astralkörper zu sehen, er noch viel mehr beobachten könnte, als unsere Abbildungen zeigen. Besonders wird ihm das Spiegelbild der physischen Form auffallen, und er wird bald erkennen, dass es nicht nur aus schwachen Umrisslinien besteht, sondern vielmehr der hervorragendste Teil der Erscheinung ist.

Dem ungeübten Hellseher wird es sicher so erscheinen, denn nur in sehr seltenen Fällen ist das Hellsehen gleich anfangs voll entwickelt. Zuerst sieht man gewöhnlich nur die dichteste Materie, und gerade diese steht dem Physischen am nächsten. Es kann vorkommen, dass man Jahre hindurch nur die dichteren Teile der Astralmaterie zu sehen fähig ist. Die umgebende Eiform wird dann diesem Hellseher viel unscheinbarer erscheinen, als sie es wirklich ist, ja er wird sie wohl anfangs ganz übersehen. Wenn jedoch die astrale Sehkraft zugenommen hat, kann sie durch eine leichte Anstrengung, die dem scharfen Hinschauen des physischen Auges entspricht, etwas von den Farben erblicken. Diese Anstrengung bewirkt raschere Schwingungen im Astralkörper und erhöht dadurch die Möglichkeit beim Schauen. Ein wohl geschulter Hellseher weiß natürlich, auf welche Weise er sich alle Unterabteilungen des Astralstoffes sichtbar machen kann, sowohl einzeln als auch vereint, ganz wie er es wünscht.

Man fragt uns oft, ob ein Astralleib bekleidet erscheint, und wenn das der Fall ist, woher er denn seine Kleidung nimmt. Der Gedanke beeinflusst diese feine Materie sehr leicht, darum ist der Mensch so, wie er sich selbst denkt, und es fällt jedem leicht, sich nach Wunsch zu bekleiden. Wenn die Aufmerksamkeit aber vollständig von anderem in Anspruch genommen wird, so bringt das Mentalbild ganz automatisch die Kleidung hervor, die ihm zur Gewohnheit wurde, so dass er aller Wahrscheinlichkeit nach so erscheinen wird, wie er sich täglich kleidete. Ich kannte jemanden, der, gewiss ohne daran zu denken, sich im Astralen immer in Abendtoilette zeigte, wahrscheinlich weil er spät abends vor dem Schlafengehen sich immer in dieser Kleidung sah und so an sich dachte. Ein anderer trug immer das gelbe Gewand der buddhistischen Mönche, doch das, glaube ich, war anfangs beabsichtigt, wurde aber später zur Gewohnheit.

Dieses Abbild des Körpers existiert sowohl im Mentalen als auch im Astralen, so dass der Mensch auch während seiner Himmelsperiode bis zu einem gewissen Grad Gestalt und Gedächtnis seiner letzten Persönlichkeit beibehält. Sogar im Kausalkörper gibt es eine menschliche Gestalt – nicht die irgendeiner Inkarnation, sondern ein verklärtes Zusammenfassen alles dessen, was am edelsten in ihnen allen war – es ist der Augoëides oder Übermensch, durch den sich das wahre Ego kundgibt. Doch sind die Bedingungen jenes Planes so verschieden, dass es hoffnungslos ist, sie hier beschreiben zu wollen.

XV

Der unentwickelte Mensch

Wenn wir die Andeutungen des VIII. Kapitels auf den Mentalleib jenes Menschen anwenden, wie Tafel V ihn zeigt, so wird sofort vieles, was diesen Menschen betrifft, deutlich werden. Obgleich er einen verhältnismäßig unentwickelten Gedankenkörper aufweist, so kann doch schon ein großer Fortschritt konstatiert werden. Das trübe Gelb über dem Haupt zeigt etwas Intelligenz an, aber die Trübung der Farbe sagt, dass nur selbstsüchtige Zwecke verfolgt werden. Das Blaugrau der Frömmigkeit weist auf einen Fetischglauben hin, der unter Furcht und selbstsüchtigen Wünschen ausgeübt wird. Die schmutzige Purpurfarbe zur Linken drückt eine schwache Zuneigung aus, die aber noch sehr egoistisch ist. Der Streifen trüben Oranges lässt auf Eitelkeit und der große Flecken Scharlach auf eine starke Neigung zum Zorn schließen, der bereit ist, bei der geringsten Veranlassung loszubrechen. Der breite Streifen schmutzigen Grüns, der einen so großen Teil des Körpers einnimmt, ist die Farbe der Verschlagenheit und des Geizes – diese Eigenschaft manifestiert sich durch die bräunliche Färbung. Ganz unten sehen wir einen Niederschlag von schmutziger Farbe, die ein Beweis von vorherrschender Selbstsucht und von einem Mangel aller edlen Eigenschaften ist.

Dieser Mangel jeglicher wünschenswerter Eigenschaften lässt ganz sicher erwarten, dass der Betreffende seinen Astralkörper – wie ihn uns Tafel VI als korrespondierend zu Tafel V zeigt, noch fast gar nicht beherrschen kann. Wir sehen daher auch, dass ein unverhältnismäßig großer Teil dieses Wunschkörpers von Sinnlichkeit eingenommen wird, was das unangenehme, fast blutfarbene Rotbraun zur Anschauung bringt.

Wie zu erwarten war, ist Betrug, Selbstsucht und Gier hier vorherrschend, und wilder Zorn ist durch Scharlachflecken angedeutet. Von Zuneigung kann kaum die Rede sein, und was von Verstand und religiösem Gefühl zu sehen ist, ist von allerniedrigster Art.

Beachtenswert ist noch die Unregelmäßigkeit der Umrisse dieses Körpers sowie die Verteilung und Mischung der Farben. Wenn wir zu einem geistig entwickelteren Menschen übergehen werden, wird uns sofort ein großer Fortschritt in dieser Hinsicht auffallen. Auch dort vermischen sich die Farben noch bis zu einem gewissen Grad und gehen allmählich ineinander über, aber sie haben doch schon im Allgemeinen die Neigung, sich in regelmäßige Streifen anzuordnen, und die Umrisse der Eiform sind ziemlich scharf und regelmäßig gezeichnet. Bei der noch unentwickelten Persönlichkeit hingegen ist alles ungeregelt und verworren. Er scheint ein Wesen von heftigen, oft lasterhaften Regungen zu sein, denen er sofort nachgibt, ohne den geringsten Versuch zu machen, sie zu beherrschen. Ein nicht sehr angenehmes Individuum!

Alle Erdenmenschen haben einmal dieses Stadium durchlaufen, und durch die Erfahrungen, die wir darin gesammelt haben, sind wir zu reineren und edleren Arten der Gefühle aufgestiegen.

Nur einige sehr junge Seelen zeigen noch eine Entwicklungsstufe, die der vorliegenden entspricht. Viele Menschen, die im Wesen als Eingeborene bezeichnet werden, wie z. B. einige Zulus, die Maoris oder die Südsee-Insulaner, sind bereits fortgeschrittene Persönlichkeiten und unterscheiden sich in ihrer geistigen Reife nicht von den Bewohnern der so genannten zivilisierten Welt. Ihre Astralkörper würden sich als Mittelglied zwischen Tafel VI und IX einschalten lassen, jedoch mit zahllosen Schattierungen der Einzelwesen unter sich.

Beim Studium der verschiedenen Körper sollten wir nie vergessen, dass deren Atome sich immer in rascher Bewegung befinden. In bestimmten Fällen, die wir besonders betrachten werden, erscheinen bestimmte Linien und Streifen, aber in den meisten Fällen verschwimmen die Farbenwolken nicht allein ineinander, sondern rollen auch fortwährend eine über die andere hinweg, weshalb die Oberfläche dieses leuchtenden und schön gefärbten Nebels wie die kochenden Wassers erscheint. Die Einzelteilchen streben zur Oberfläche, sinken wieder nieder, sprudeln empor, drehen sich und wechseln so fortwährend ihren Platz, so dass die Färbungen nie völlig die Stellung beibehalten, die wir ihnen auf unseren Abbildungen anwiesen. Sicher ist es jedoch, dass sie die Neigung haben, sich so anzusammeln, wie wir es darstellen – obgleich Gelb, Rosa und Blau sich nicht immer an dem Ort zeigen, der hier abgebildet ist, verbleiben sie doch während ihres Rollens und Drehens immer in dem oberen Teil der Eiform, immer nahe dem Kopf, wenn sie überhaupt vorhanden sind. Die Farben dagegen, die Selbstsucht, Geiz, Verstellung und Hass andeuten, streben immer dem Grund zu, und die große Zahl der sinnlichen Regungen füllt den Raum zwischen diesen beiden aus.

Alle diese Schwingungen (die uns als Farben sichtbar werden) sind durch den Schnelligkeitsgrad ihrer Bewegung an gewisse Orte im Mental- und Astralkörper gebunden, wo sie sich am freiesten und leichtesten bewegen können, und die Durchschnittsstellung der Farben in der Nebelwolke ist demgemäß durch die verhältnismäßige Schwere des betreffenden Stoffes bedingt. Die ganze oder beinahe die ganze Masse der Materie im Astralkörper kann durch einen plötzlichen Gefühlsausbruch in gleich rasche Schwingungen versetzt werden; doch wenn diese Anregung aufhört, werden alle Teile wieder in ihren gewohnten Schwingungsrhythmus zurückschwingen.

Jeder hat natürlich seine besonderen Gewohnheiten und Eigenarten, und keiner ist dem anderen völlig gleich. Darum geben unsere Abbildungen nur eine Durchschnittsidee jener Menschen, die wir darstellen wollen, und alle Farben sind genau in dem Teil der Eiform angegeben worden, wo sie sich gewöhnlich befinden.

XVI
Der Durchschnittsmensch

Blicken wir auf den durchschnittlichen Menschen unserer Zeit, wie er uns überall entgegentritt, um zu sehen, welcher Fortschritt gemacht worden ist und wie er sich in den verschiedenen Körpern äußert. Wir wählen für unser Beispiel nicht den Gelehrten, Hochgebildeten und geistig Verfeinerten, sondern einfach den gewöhnlichen Menschen aus der Mittelklasse – den Einzelhändler, die Sekretärin, den Hausmann oder Briefträger, nicht gerade die roheste Sorte, sondern die allgemeine Art »in Trainingsanzug und Hausschuhen«. Betrachten wir nun mit erweiterter Sehkraft seinen Kausalkörper, so wird er uns ungefähr so wie auf Tafel VII erscheinen. In diesem zarten Schleier zeigt sich ein bedeutender Fortschritt in seinen zarten, kaum sichtbaren Farben, jedoch ist er nicht einmal bis zur Hälfte von ihnen angefüllt. Die allgemeine Bedeutung der Farben ist genau die wie auf den unteren Plänen, aber sie zeigen Eigenschaften an, die von der Seele bleibend angeeignet wurden, und die Farboktave ist mehrfach über die niederen Töne erhöht. Es ist schon erkennbar, dass ein Weniges vom höheren Intellekt, von einer wahren Spiritualität und der selbstlosen Liebe sich entwickelt hat, und was davon auf den niederen Plänen zum Ausdruck kommen kann, wird diesem Menschen bei jeder zukünftigen Geburt als angeborene Eigenschaft oder als eine Art Grundkapital innewohnen. Eine leichte Färbung des Blasslila wird sogar schon sichtbar und bedeutet Liebe und Hingabe an das höchste Ideal. Das wenige helle Grün drückt Mitleid und Sympathie aus.

Die Betrachtung des Mentalkörpers dieses Menschen, wie wir ihn auf Tafel VIII sehen, zeigt einen großen Unterschied zu dem des unentwickelten Menschen. Nicht allein, dass mehr Verstand, Liebe und Frömmigkeit vorhanden sind, sondern alle diese Eigenschaften sind in hohem Grad besser und reiner geworden. Ohne schon vollständig rein zu sein, sind sie klarer in der Farbe, wie auf Tafel V. Eitelkeit ist fast ebenso stark vertreten, doch ist sie jetzt mehr auf Höheres gerichtet. Der Mann ist stolz, aber nicht nur auf seine Muskelkraft und Grausamkeit, sondern weil er sich einbildet, schöne Eigenschaften zu besitzen. Auch ein Anteil Scharlachrot findet sich vor, ein Zeichen des leicht erregbaren Zornes, doch muss betont werden, dass diese Farbe eine weit niedrigere Stelle in der Wolke einnimmt. Man muss daher annehmen, dass der Stoff dieses Mentalkörpers sich im Allgemeinen verfeinert hat. Der niedrige Typus von Grün im Mentalkörper des unentwickelten Menschen (die Farbe der Falschheit, die stark mit Geiz und Selbstsucht gemischt ist) auf Tafel VIII bedarf zu seinen Schwingungen eines weit dichteren und gröberen Stoffes, als das Scharlach des Ärgers. Das sichtlich verbesserte Grün dieses Körpers ist verfeinerter als das Scharlachrot; daher scheinbar der Wechsel in der relativen Stellung. Dieses Grün drückt nicht mehr Betrug und Falschheit aus, sondern die Fähigkeit, sich anzupassen und praktisch tätig zu sein. Wohl ist noch ein großer Teil dieses Körpers vom Braun der Selbstsucht angefüllt, aber selbst diese Farbe ist wärmer und weniger hässlich.

Wenden wir uns nun zu Tafel IX, so sehen wir den Astralleib, der diesem Mentalkörper auf Tafel VIII entspricht – den Astralkörper des Durchschnittsmenschen. Die Farben sind natürlich gröber, und die Anfänge gewisser Leidenschaften, die auf dem höheren Plan keinen Ausdruck finden können, treten auf. Auch hier liegt eine Besserung vor im Vergleich zum Astralkörper des unentwickelten Menschen auf Tafel VI. Es findet sich weniger Sinnlichkeit, obgleich noch immer viel davon vorhanden ist, immerhin aber weniger brutal und dominierend als dort. Selbstsucht tritt noch sehr hervor, ebenso die Möglichkeit, zu selbstsüchtigen Zwecken zu täuschen, doch scheidet sich das Grün in zwei Teile und zeigt dadurch, dass die Verschlagenheit sich in Anpassungsfähigkeit verwandelte.

Diese Zeichnung des Astralkörpers bietet nicht allein das Bild der Menschengattung, die wir oben erwähnten, sondern ist auch der Ausdruck dieses Körpers, wenn er sich in verhältnismäßiger Ruhe befindet. Der Astralleib eines gewöhnlichen Menschen ist aber so selten in Ruhe, dass wir eine sehr unvollständige Idee von ihm gewinnen würden, wenn wir ihn nicht auch unter dem Eindruck plötzlicher Gefühlserregungen betrachten wollten. Einige davon führen zu stabilen Zuständen, die Veränderungen hervorrufen, die man nicht außer Acht lassen darf. Einige Tafeln sollen diese verschiedenen Erregungen und Emotionen zeigen.

XVII
Plötzliche Erregungen

Einige solcher Emotionen bringen so erstaunliche Wirkungen im Astralkörper hervor, dass sie eines aufmerksamen Studiums wert sind.

Es muss vorausgeschickt werden, dass alle Abbildungen in diesem Buch nach dem Leben gezeichnet wurden. Sie sind nicht bloße Vorstellungen, die sich irgendjemand von dem Eindruck gewisser Erregungen auf die inneren Körper machen könnte, sondern eine Darstellung sorgfältiger Wiedergabe von wirklich Beobachtetem.

Um unter anderem Tafel X zu erwähnen, so ist dieses Bild einem plötzlich aufwallenden reinen Liebesgefühl einer Mutter entnommen, die ihr Kind zu sich empor hob und es küsste. Augenblicklich ergreift eine heftige allgemeine Bewegung den Astralleib, so dass die ursprünglichen Farben während kurzer Zeit ganz verdunkelt werden. In diesem Bild, wie in den folgenden, ist der Astralkörper, wie wir ihn auf Tafel IX wiedergaben, als Grundlage angenommen, obgleich während der heftigen Erregungen nur wenig davon zum Vorschein kommt. Gehen wir nun näher auf die Veränderungen ein, die uns Tafel X zeigt, so sehen wir, dass sie aus vier gesonderten Erscheinungen besteht.

I.

Sie zeigt gewisse Windungen und Wirbel, die genau abgegrenzt sind, anscheinend aus festem Stoff bestehen und von innen heraus lebhaft leuchten. Jeder von ihnen ist eine Gedankenform, die von einem tiefen Gefühl angeregt wurde und aus dem Astralkörper hinaus zum Gegenstand dieses Gefühles hinstrebt. In dem Buch »Gedankenformen« findet man einen solchen losgelösten Wirbel abgebildet, wie er sich zu seinem Ziel hinbewegt. Wir sehen dort, wie die Form sich durch die heftige Bewegung änderte; die Schlangenwindung ist zum Wurfgeschoss geworden, dessen Form Ähnlichkeit mit dem Kopf eines Kometen hat. Es ist nicht leicht, diese wirbelnden Wolken lebendigen Lichtes darzustellen, aber ihr Anblick ist äußerst lieblich.

II.
Der Astralkörper ist von horizontalen Linien rötlichen Lichtes umzogen, die aber noch schwerer wiederzugeben sind als selbst die Gedankenformen, weil ihre Bewegung so ausnehmend rasch ist. Jedoch ist die allgemeine Wirkung vom Künstler ziemlich gut getroffen worden.

III.
Eine Art rosenfarbiger Schleier bedeckt die ganze Oberfläche des Astralleibes, so dass sein Inneres wie durch ein gefärbtes Glas gesehen erscheint. Auf der Zeichnung ist es nur am Rand angedeutet.

IV.
Eine Purpurröte, welche die ganze Eiform durchzieht und sich allen anderen Farbentönen beimischt und sich hier und da, kleinen Schäfchenwolken gleich, zu Flocken zusammenballt.

Dieses herrliche Schauspiel astralen Feuerwerks dauert gewöhnlich nur einige Sekunden, und dann nimmt der Körper wieder seine normale Lage ein. Und doch hat jeder dieser Gefühlsausbrüche seine Wirkung. Jedes Mal vergrößert sich die Purpurfarbe ein wenig im oberen Teile der Eiform, und dadurch wird es den Atomen des Astralkörpers ein wenig leichter, auf die nächste Gefühlswelle zu reagieren. Wie vergänglich eine solche Erregung auch sein mag, so häufen sich doch ihre Wirkungen, wenn sie immer von neuem auftritt, und es ist auch nicht außer Acht zu lassen, welchen guten Einfluss diese lebhaften Ausströmungen von Liebe und Glück auf die Umgebung ausüben.

So manches treue Herz wird glücklich sein zu erfahren, dass man dem tatsächlich etwas von sich selbst gibt, dem man ein tiefes Liebesgefühl zusendet, dass ein Teil des Astralstoffes vom Liebenden zum Geliebten übergeht, ihm seinen eigenen Schwingungsrhythmus mitteilt und sich, wenn nicht gerade ein gewisser Widerstand vorhanden ist, durchaus widerspiegelt und den Astralkörper des Empfängers in harmonische Schwingungen versetzt. Mit anderen Worten, Liebe erzeugt Liebe, und einen Menschen zu lieben, heißt ihn besser zu machen, als er sonst sein würde.

FRÖMMIGKEIT

Tafel XI ist fast identisch mit Tafel X, nur ist hier das Blau an die Stelle des Purpurs getreten, es veranschaulicht eine plötzliche tiefe Erregung von religiöser Hingabe bei einer Nonne, während sie sich der Kontemplation widmete. Die vier Erscheinungen, die uns vorhin entgegentraten, sind auch hier vorhanden – die leuchtenden Wirbel, die rasch schwingenden Horizontallinien, der feine äußere Schleier und die Wölkchen. Deren Bedeutung ist ganz dieselbe, nur ist an die Stelle von Liebe Frömmigkeit zu setzen.

Doch ist ein so intensiver Ausbruch von Frömmigkeit sehr selten, eine gleich starke Liebesregung findet weit häufiger statt. Eine ähnliche, doch lange nicht so vollständige Form sieht man zuweilen, wenn jemand betend vor einem Altar kniet oder vor einem Marien-Bild steht. Gewöhnlich sind die Parallellinien weniger deutlich und regelmäßig, und die Wirbeldrehungen sind nicht in so ausgeprägter Form vorhanden. An ihrer Stelle finden sich unbestimmt geformte Wolken von blauem Dunst.

Solche formlosen Wolken von schwerem Blau sieht man zuweilen in einer Kirche langsam über der Gemeinde wie Kreise dichten Rauches dahinrollen. Wir finden solche Erscheinungen gewiss nie in den Kirchen der eleganten Welt, wo die Männer über den Erfolg der letzten Börsen-Spekulationen nachdenken und die Damen in die Freuden der Kritik über die Eleganz der anderen vertieft sind. Auch sieht man diese Wolken selten in protestantischen Zusammenkünften, in die sich ein so bescheidener Gedanke wie fromme Anbetung nicht verirrt, wo Eitelkeit und hohes Selbstbewusstsein sich sowohl in dem schwülstigen Vortrag des Redners als auch in den kleinlichen Streitreden der Anwesenden finden, die immer bereit sind, die anderen zu verketzern. Man sieht sie jedoch oft bei dem höchst unmusikalischen, aber von Herzen kommenden Gesang unwissender Frommer oder armer katholischer Bauern, noch öfter jedoch bei dem tief gefühlten,

85

ernsten Gottesdienst der so genannten Ritualkirchen. Die Frömmigkeit bei all diesen Leuten ist jedoch kaum intelligent zu nennen, denn die großen blauen Wolken enthalten nicht ein Fünkchen Goldgelb. Immerhin ist dieses fromme Wesen, so weit es reicht, gut und wirkt erhebend auf die Seelen, die es erfüllt.

In den meisten Fällen ist Frömmigkeit ein unbestimmtes, wenig klares Gefühl, und ein so schönes Beispiel, wie es die Abbildung liefert, ist äußerst selten. In diesem Fall würden die Wirbeldrehungen beim Verlassen des Astralkörpers nicht die rundliche Form eines Geschosses annehmen, wie bei der Liebesregung, sondern würden in schöner Spitzform aufwärts eilen. Ein solcher aufstrebender Gedanke ist in dem Buch über »Gedankenformen« wiedergegeben, und dort ist auch ein Versuch gemacht worden, den wunderbaren Kraftstrom aus höheren Regionen zu zeigen, der auf eine Regung tiefer Spiritualität erfolgt.

HEFTIGER ZORN

Tafel XII ist wohl die eindrucksvollste der ganzen Reihenfolge und würde auch ohne Erklärung eine gute Warnung sein. Wie bei den früheren Bildern, ist der Hintergrund zeitweilig vom Gefühlsausbruch verdunkelt, der leider im gegebenen Fall aus Böswilligkeit und Hass besteht. Auch hier finden Wirbeldrehungen statt, aber aus schweren, gewitterwolkenartigen, rußfarbenen Massen, die das dunkle Feuer des Hasses von innen heraus erleuchtet. Teile derselben schwarzen Wolke mit unbestimmten Umrissen erfüllen den ganzen Körper, während die feurigen Strahlen des unbeherrschten Zornes wie Blitze nach allen Seiten hin schießen.

Ein erschütterndes und wirklich Furcht einflößendes Schauspiel!

Je mehr man es begreift, desto schrecklicher erscheint es. Hier ist ein Zornesausbruch dargestellt, der den Menschen so mit sich fortreißt, dass er sich selbst nicht mehr kennt. Er hat in diesem Augenblick alle Selbstbeherrschung verloren und ist fähig, einen Mord oder ein anderes Verbrechen zu begehen. Er kann sich zu einem Verbrechen oder zu einer Handlung hinreißen lassen, welche die Reue eines ganzen Lebens nicht verwischen wird. Doch selbst wenn Erziehung und Gewohnheit ihn vor einer Gewalttat bewahren sollten, so treffen diese furchtbaren Strahlen doch wie Schwerter die Astralkörper anderer Leute, die dadurch ebenso geschädigt werden, als würde er sie auf dem physischen Plan angreifen.

Das Schlimmste aber ist für ihn, dass er, während er die anderen so schädigt, selbst völlig verteidigungslos ist. Die Leidenschaft ist momentan Herr über ihn, das Begierden-Elemental hat die Oberhand gewonnen, und der wahre Mensch hat zeitweise keine Macht mehr, seine Körper zu regieren. Unter diesen Umständen kann ein anderer, stärkerer Wille das ergreifen, was ihm entschlüpft. Ein anderes Wesen, das auf solche Augenblicke lauert, kann das Ruder des verlassenen Bootes erfassen und es gegen den Willen des wahren Schiffsherren in Besitz nehmen. Mit anderen Worten, wenn ein Mensch sich solchen Ausbrüchen hingibt, kann er von einem Verstorbenen, der die gleichen Anlagen hatte, oder von einem künstlichen Elemental[13] besessen werden. Somit ist er nicht nur eine Gefahr für seine Mitmenschen, sondern er bringt sich selbst auch in Gefahr.

Der Fall, den die Abbildung darstellt, ist natürlich ein extremer und kann nur einige Minuten dauern, doch jeder, der sich vom Zorn hinreißen lässt, zeigt bis zu einem gewissen Grad ganz ähnliche Merkmale. Man darf wohl voraussetzen, dass die Menschen sich mehr in Acht nehmen würden, wenn sie wüssten, wie hässlich sie denen erscheinen, die sehen können. Der Ausbruch der Leidenschaft vergeht, doch seine Folgen und seine Spuren bleiben zurück. Im Astralleib des gewöhnlichen Menschen findet sich immer ein Teil Scharlachrot, das die Fähigkeit beweist, sich zu ärgern, und jeder Zornesausbruch verstärkt diese Farbe ein wenig und gibt dem ganzen Körper die Möglichkeit, immer leichter und unkontrollierter diesen wenig wünschenswerten Schwingungen nachzugeben.

Auch muss noch daran erinnert werden, dass, obgleich die Leidenschaft selbst vergänglich ist, die Erinnerung daran jedoch in den Aufzeichnungen der Natur, in der Akascha-Chronik,[14] aufbewahrt bleibt. Wenn auch das Elementarwesen, das ein böser Wunsch erschuf, nach einiger Zeit, die der Kraft des Erschaffenden entspricht, zu existieren aufhört, so wird doch das leben-

---

13 Vgl. dazu: Manuela Oetinger, Die Aura im täglichen Leben, Grafing 2003 ff. (Anm. d. Vlg.)
14 Vgl. H. P. Blavatsky, Die Entschleierte Isis I. 146. (D. H.)

dige Abbild jedes Momentes seines Daseins bestehen bleiben, und die Folgen seiner Tätigkeit werden dem karmischen Konto seines Erschaffers, entsprechend der kosmischen Gerechtigkeit, angerechnet werden.

FURCHT

Die Wirkung der Furcht auf den Astralkörper ist eine sehr heftige. Ein plötzlicher Schrecken wird in einem Augenblick den ganzen Körper mit einem seltsamen fahlgrauen Nebel umhüllen, und Horizontallinien derselben Färbung entstehen und vibrieren mit solcher Geschwindigkeit, dass man sie kaum als getrennte Linien erkennen kann. Der Anblick ist unbeschreiblich hässlich, und es ist unmöglich, ein genaues Bild davon zu geben.

Tafel XIII zeichnet ein annäherndes Bild, so weit es zu Papier gebracht werden kann, doch ohne zu zeigen, wie alles Leuchtende aus den Farben verschwindet und die ganze blaugraue Masse hilflos erzittert, als bestünde sie aus Gallert.

Ein solches Bild entsteht bei tödlichem Schrecken und vergeht gewöhnlich bald. Ein Zustand andauernder Furcht und großer Nervosität drückt sich ähnlich aus, wenn auch in abgeschwächter Form, aber jene spezielle graue Farbe und das charakteristische Erzittern sind ein sicheres Anzeichen dieser unangenehmen Empfindung.

XVIII

Dauernde Zustände

Wir versuchten soeben, die Auswirkungen einiger Erregungen darzustellen, die die äußeren Hüllen des Menschen beeinflussen, und zu erklären, wie sie, obgleich rasch verschwindend, doch eine dauernde Nachwirkung hinterlassen. Es bleibt uns noch übrig zu zeigen, wie gewisse Neigungen und Charaktertypen sich kundgeben und in welcher Weise sie die Fortschritte des Menschen, der den »Pfad« betreten hat, beeinträchtigen.

Es gibt aber eine Art von Einflüssen, die eine nachhaltige Wirkung im Leben der meisten Menschen hervorbringen, die aber zu keiner der beiden Kategorien gehören. Sie erscheinen oft ganz plötzlich, dauern in den meisten Fällen nicht das ganze Leben hindurch, verschwinden aber nie so rasch wie die eben betrachteten. Bei einem Menschen, wie ihn Tafel VII, VIII und IX uns vorführten, bilden sie meistens das Hauptereignis des Lebens. Oft sind sie der einzige wahrhaft helle Punkt in seinem Leben, das sonst in Selbstsucht einförmig und farblos verläuft; oft sind sie die einzige Gelegenheit, durch die er zeitweise über sich emporgehoben wird, um dann kurze Zeit auf einer höheren Stufe zu leben.

Ich meine damit das »Verliebtsein«. Jene, die so glücklich sind, eine erweiterte, vertiefte Lebensanschauung zu haben, können es sich schwer vorstellen, wie tief eine eingreifende zeitweilige Veränderung durch ein solches Verlieben im Leben des weniger Entwickelten, den wir als Durchschnittsmenschen bezeichneten, vor sich geht. Den Menschen dagegen, deren umfassende Interessen sie in die freie Atmosphäre der Kunst, Musik, Wissenschaft und Philosophie führen und in denen altruistische Ideen leben, fällt es schwer, sich in Gedanken auf jene Stufe der Evolution zurückzuversetzen, auf der sie sich in grauer Vorzeit befanden, die Stufe der unentwickelten Seele mit ihrem intensiven Einspinnen in das eigene Selbst, mit ihrem umgrenzten Gefühlskreis, ihren unbegreiflich kleinlichen und engen Begriffen. Gewiss ist auch in diesen jüngeren Seelen das Göttliche verborgen und bricht oft, wenn die Gelegenheit sich bietet, in heldenhaften Taten und herrlicher Aufopferung hervor; doch diese unbestreitbare Möglichkeit hebt die Tatsache nicht auf, dass diese Seelen jünger sind und unter gewöhnlichen Verhältnissen das soeben erwähnte wenig entwickelte Leben führen.

In dieses enge, beschränkte Leben fällt plötzlich aus der Höhe ein Strahl, und der göttliche Funken leuchtet heller auf. Späterhin mag sich im Menschen dieses innere Aufleuchten wieder verlieren, und er sinkt in das trübselige Licht des alltäglichen Lebens zurück, doch nichts kann ihm die Erfahrung und die innere Gewissheit rauben, dass auch für ihn die goldenen Tore einst offen standen und die Möglichkeiten des höheren Lebens sich zeigten. Er hat wenigstens für kürzere oder längere Zeit einen Zustand erlebt, in dem das kleine Ich schwieg, zurückgedrängt war und ein etwas anderes den ersten Platz in seiner Welt einnahm. So lernte er zum ersten Mal eine der wichtigsten Lehren seiner ganzen Evolution. Äonen werden vergehen, ehe er sich diese Lehre vollständig angeeignet hat, aber selbst dieses erste Aufleuchten in seinem Inneren ist von ungemeiner Bedeutung für das Selbst, und deshalb ist ihre Wirkung auf den Astralkörper von besonderer Wichtigkeit.

Die Veränderung ist so umfassend, dass man sie nicht voraussehen kann; ein Vergleich der Tafel IX und XIV zeigt es sofort. Man sollte kaum glauben, dass diese zwei Bilder von einem Menschen herrühren. Einige Eigenschaften sind ersichtlich für den Augenblick verschwunden, andere haben sich ungemein vergrößert und haben ihre Stellung geändert.

Selbstsucht, Falschheit und Geiz sind verschwunden, und der unterste Teil der Eiform ist für den Augenblick fast ganz von tierischer Begierde eingenommen. Das Grün der praktischen Anpassung ist durch das bräunliche Grün der Eifersucht ersetzt, und die große Tätigkeit dieses Gefühles wird durch die Zornesblitze zum Ausdruck gebracht, die es durchziehen.

Doch diese unerwünschten Veränderungen sind mehr als aufgewogen durch den schönen Purpurstreifen, der einen so großen Teil der Eiform einnimmt. Dies ist jetzt die charakteristische Farbe des Astralleibes, der ganz von ihr durchleuchtet ist. Unter ihrem Einfluss ist der gewöhnliche trübe Ton des Körpers verschwunden, und die Farben sind alle leuchtender geworden und schärfer umgrenzt, sowohl die guten als auch die schlimmen. Es ist eine Verstärkung der Lebenskraft nach verschiedenen Richtungen hin eingetreten.

Zu bemerken ist noch, wie das Blau der Frömmigkeit sich stark verfeinert hat. Die ganze Natur des Menschen ist zeitweise so erhöht, dass sogar ein wenig blasses Violett sich ganz oben über dem Kopf zeigt und die Fähigkeit angibt, ein wirklich hohes, selbstloses Ideal zu verstehen. Das Gelb des Verstandes ist aber für den Augenblick ganz verschwunden, was, so glaube ich, ein Zyniker als das Charakteristikum dieses Zustandes ansehen würde.

Es ist kaum zu glauben, dass nach dieser leuchtenden Entfaltung der Mensch wieder in den Zustand von Tafel IX zurücksinken kann. Es geschieht aber in den meisten Fällen, doch bleibt eine Verstärkung der Purpurfarbe bestehen, die auch heller als früher erscheint. Das Verlieben ist eine wertvolle Erfahrung für das Selbst, die ihm einen gewissen Antrieb nach vorwärts verleiht, obgleich auch vieles Unerwünschte sich beimischen mag.

Auch die starke selbstlose Zuneigung von Kindern für Erwachsene ist ein mächtiger Faktor des Fortschrittes für sie, da sich in ein solches Gefühl nichts von der niederen tierischen Natur einmischt. Selbst wenn diese Liebe nicht langlebig ist und im Laufe der Zeit mehrmals den Gegenstand wechselt, so dient sie doch, so lange sie dauert, einem guten Zweck. Sie bereitet das Werkzeug vor, damit es später leichter stärkere Eindrücke empfangen kann, ebenso wie die abgefallene Blüte des Obstbaumes, die scheinbar nutzlos war, ihre Aufgabe doch erfüllte, da sie nicht allein höchst lieblich anzuschauen war, sondern auch half, den Saft hinaufzuziehen, den die zukünftige Frucht braucht.

DER AUFGEBRACHTE MENSCH

Jetzt gelangen wir zur Beobachtung gewisser Charaktertypen. Besonders anschaulich ist der Zornige. Sein Astralleib wird gewöhnlich einen breiten Streifen Scharlachrot aufweisen, wie in Tafel XV, doch was ihn besonders kennzeichnet, sind in allen übrigen Teilen kleine Fleckchen der gleichen Farbe, die wie Ausrufungszeichen aussehen. Es sind die Folgen kleiner Ärgernisse und Aufregungen, der »Nadelstiche« des täglichen Lebens. Jedes Mal, wenn eine Kleinigkeit schief geht, – wenn der Kaffee kalt serviert wurde, wenn man sich zum Zug verspätete oder wenn Max die Tinte umwarf – wird der leicht Erregte einen ärgerlichen Ausruf über die Lippen bringen, er wird ungeduldig werden, und sofort erscheint ein kleines rotes Fleckchen, ein Anzeichen der nicht beherrschten Empfindung. Manchmal fliegen diese kleinen Boten des ungeregelten Charakters den Personen zu, die man für die eigene Schuld verantwortlich machen zu müssen glaubt; öfter bleiben sie einfach in der eigenen Astralmaterie schweben und sehen dann so aus, wie unsere Tafel sie wiedergibt. Allmählich verblassen diese Fleckchen, doch bald werden sie von anderen ersetzt, denn der leicht erregbare Mensch findet überall und immer Nahrung für seinen Ärger.

DER GEIZIGE

Ein ebenso auffallendes, zum Glück aber weit selteneres Bild ist das auf Tafel XVI. Der Hintergrund ist hier etwas verschieden vom gewöhnlichen Astralkörper, denn Spiritualität fehlt ganz, und Zuneigung ist nur in äußerst geringem Maße vorhanden. Geiz, Selbstsucht, Falschheit und praktischer Sinn (oder vielmehr Schlauheit) sind stark vertreten, aber Sinnlichkeit fehlt fast völlig. Das Bemerkenswerteste allerdings sind die horizontalen, gleichmäßigen Linien, die den ganzen Körper umgeben und den Menschen wie in einem Käfig gefangen halten. Sie sind von dunkelbrauner Farbe, beinahe wie gebrannte Sepia, an ihrem oberen Rand scharf gezeichnet, aber nach unten hin verschwimmend.

Dieses ist das Bild eines verstockten, hochgradigen Geizhalses. Zum Glück ein ziemlich seltener Fall!

Es gibt jedoch viele Leute, die geizig veranlagt sind und einige solcher Reifen im oberen Teil ihres Astralkörpers aufweisen, wenngleich es nur wenige gibt, die so vollständig eingeschlossen sind, wie es auf dieser Tafel der Fall ist. Der dort charakterisierte Mensch hat sich ganz von der Außenwelt abgesondert, und äußere Einflüsse können nicht mehr zu ihm gelangen. Wohl vermag er dadurch einigen der gewöhnlichen Versuchungen zu entrinnen, aber auch die Liebe und die Zuneigung seiner Freunde dringt nicht bis zu ihm, ebenso wie alle höheren religiösen Gefühle. Doch vor allem verhindern diese Gefängnisstäbe ein Freiwerden, so wie das Aufnehmen von Schwingungen, und es ist ihm unmöglich, Zuneigung oder Religiosität zu äußern, er ist vollständig in seiner Selbstsucht eingesponnen. Er ist keinem anderen menschlichen Wesen von Nutzen, und solange er in diesem Zustand verharrt, ist ihm jeder geistige Fortschritt unmöglich. Es scheint also, dass das Laster des Geizes, solange es andauert, jede Entwicklung verhindert; und es ist sehr schwer abzuschütteln, wenn es sich einer Persönlichkeit bemächtigt hat.

TIEFE NIEDERGESCHLAGENHEIT

Der Astralkörper, der hier auf Tafel XVII abgebildet ist, gleicht in vieler Hinsicht dem vorhergehenden, nur haben wir hier dichtes Grau an Stelle des Braun, und der Eindruck ist für den Beschauer unbeschreiblich trübe und traurig. In diesem Fall scheint aber keine besondere Eigenschaft der Seele zu fehlen, sie wird nur von diesen schweren Trauerlinien verhüllt. Es ist ein Bild tiefer Niedergeschlagenheit, die, ebenso wie der Geiz, die betreffende Person vollständig vom Leben absondert. Hier wie dort gibt es natürlich eine Menge von Übergangsformen, von gewöhnlicher Niedergeschlagenheit bis hin zu dieser äußersten Verzweiflung. Es können beispielsweise nur einige graue Streifen vorhanden sein und auch diese nur vorübergehend. In leichteren Fällen verhindert die kurze Dauer, dass sich diese Wolken zu Reifen verdichten.

Leider geben sich nur zu viele Menschen diesen Gefühlen hin und erlauben es dem Nebel der Verzweiflung sie einzuschließen, bis das ganze Weltbild ihnen schwarz erscheint. Diese unglücklichen, sich selbst quälenden Personen bedenken nicht, dass sie dadurch nicht nur ihren eigenen Fortschritt bedenklich verzögern und viele günstige Gelegenheiten versäumen, sondern vielmehr noch unnötigen Kummer und Leid in ihrer Umgebung hervorrufen.

Kein Seelenzustand ist so ansteckend wie Niedergeschlagenheit. Ihre Schwingungen verbreiten sich nach allen Richtungen, und ihre hemmenden, erschlaffenden Wirkungen durchdringen jeden Astralkörper in ihrer Nähe, gleichgültig ob dessen Ego inkarniert ist oder nicht. Der Mensch, der sich der Verzweiflung hingibt, ist also eine Gefahr und ein Hindernis für Lebende und Tote. In unseren Tagen der Überanstrengung und der Nervosität ist es jenen Menschen, welche die theosophische Weltanschauung nicht kennen, unmöglich, sich diesen lähmenden »Begräbnis-Schwingungen« zu widersetzen und sich vor ihnen zu schützen.

Nur der ist gegen diese Schwingungen gefeit, der über die Fundamentalfragen des Daseins: Wer bin ich? Wo komme ich her? Was ist der Zweck meines Daseins? Was wird aus mir nach dem Tode meines Körpers? Worin besteht die Erlösung vom Dasein? nachgedacht hat, der sie vom philosophischen Standpunkt der Vernunft aus betrachtet, der bestrebt ist, eine Antwort zu suchen und der einsieht, dass es seine Pflicht ist, glücklich zu sein, da es der Wille des Logos ist. Der Schüler der Theosophie sollte sich immer bei allen angenehmen und unangenehmen Ereignissen durch Gleichmut, durch strahlende Freude und liebevolles, friedliches Denken auszeichnen und so den anderen helfen. Zum Glück können die Einflüsse guter Gedanken sich ebenso verbreiten wie die der schlimmen, und der Mensch, der weise genug ist, um glücklich zu sein, ist ein Mittelpunkt des Glückes und Segens für andere, eine wahre Sonne inmitten des alltäglichen Lebens, die Licht und Freude um sich verbreitet. Er wird dadurch zu einem bewussten Diener des göttlichen Gesetzes, das ja die Quelle aller Freuden ist. Nur wenn wir heiter und glücklich sind, können wir helfen, die Eisenstäbe der Melancholie zu zerbrechen, die darin eingeschlossenen Seelen zu befreien und sie zum herrlichen Licht der Göttlichen Weisheit zu führen.

DER FROMME

Wir werden einiges aus dem Vergleich der zwei typischen Astralkörper lernen können, mit denen wir unsere Reihenfolge beschließen wollen. Der erste ist auf Tafel XVIII abgebildet, und wir können ihn den Frömmigkeits-Typus nennen. Da seine Farben uns seinen Charakter zeigen, sehen wir, dass er wohl ein wenig Violett enthält, das die Fähigkeit, einem hohen Ideal nachzustreben, andeutet, aber dass sein hervorragendster Zug die große Ausbreitung des Blau der Religiosität ist. Unglücklicherweise ist jedoch nur ein sehr kleiner Teil davon das schöne helle Blau der selbstlosen Frömmigkeit, der größte Teil davon ist vielmehr von dunkler, getrübter Färbung, die ein Ausdruck starker Beimischung des selbstsüchtigen Wunsches nach Gewinn ist.

Das sehr gering vorhandene Gelb weist auf wenig Verstand hin, der sein religiöses Gefühl zu leiten imstande wäre und ihn vor Frömmelei bewahren könnte. Wohl ist Zuneigung und praktischer Sinn gut vertreten, doch ist beides von ziemlich niederer Art, die Sinnlichkeit überschreitet bei weitem das gewöhnliche Maß, und Heuchelei und Selbstsucht sind stark vertreten. Hier möge die Bemerkung gestattet sein, dass sexuelle Sinnlichkeit sehr oft mit frömmelndem Wesen verbunden ist, was zum Schluss führt, dass beide durch ein inneres Band verbunden sein müssen oder beide Eigenschaften sich besonders bei den Leuten vorfinden, die sich fast ausschließlich von ihren Gefühlen leiten lassen, anstatt sie den Grundsätzen der Vernunft unterzuordnen. Hier ist noch die unregelmäßige Farbenverteilung und die Verschwommenheit ihrer Umrisse zu bemerken; auch das ist ein Hinweis, wie wenig klar und logisch die Begriffe des Frommen sind.

Nicht zu vergessen ist aber, dass bei dieser wie bei den anderen Abbildungen dieses Kapitels immer nur eine Darstellung des Durchschnittsmenschen in seinen verschiedenen Typen beabsichtigt wurde. So liegt hier der Astralkörper eines gewöhnlichen, nicht sehr entwickelten, frommen Menschen vor und durchaus nicht der eines Mannes, dessen Frömmigkeit auf Verständnis beruht und von der Vernunft geleitet wird.

DER GELEHRTE

Der Unterschied zwischen der soeben beschriebenen Tafel und Tafel XIX muss jedem sofort auffallen. Tafel XVIII zeigt uns als hervorragende Eigenschaften eine gewisse Art von Frömmigkeit und Sinnlichkeit und sehr wenig Verstand. Tafel XIX ist durch den absoluten Mangel an Frömmigkeit gekennzeichnet, und die Sinnlichkeit steht weit hinter der gewöhnlichen zurück, dagegen ist der Verstand ganz abnorm entwickelt, Zuneigung und Anpassungsvermögen sind schwach vertreten und nicht von hohem Wert, weil sie wohl durch die Entwicklung des Verstandes zurückgedrängt wurden, da der Mensch nicht hoch genug steht, um alle Eigenschaften gleichmäßig in sich entwickeln zu können. Ein guter Teil Geiz, Selbstsucht und eine gewisse Neigung zur Eifersucht sind auch hier vertreten, doch immer bleibt der Hauptzug des Bildes die große Masse von goldigem Gelb, ein Beweis, dass ein weit entwickelter Verstand nach Wissen und Kenntnissen strebt. Dagegen macht der große Kegel hellen Oranges, der sich in der Mitte erhebt, den Beobachter darauf aufmerksam, in welchem Ausmaß geistiger Hochmut und Ehrgeiz mit diesem Wissensdurst einhergeht. Die Klarheit der gelben Farbe jedoch ist ein Fingerzeig, dass dieses Wissen nicht zu rein selbstsüchtigen Zwecken verwendet wird.

Zu konstatieren ist ferner, dass die wissenschaftliche, strenge Denkungsweise einen tiefgreifenden Einfluss auf die Verteilung der astralen Farben hat, die eine Neigung zeigen, sich in geordnete Streifen zu lagern, so dass die Grenzlinien viel schärfer sind als auf dem vorhergehenden Bild.

Diese zwei Typen sind augenscheinlich zwei verschiedenen Entwicklungsstufen entnommen, und obgleich beide ihre guten Seiten haben, sind die Schattenseiten nicht minder stark ausgeprägt.

Wir wollen nun zur Betrachtung des höher entwickelten Menschen übergehen, der alle Eigenschaften in einem viel höheren Grad und in harmonischer Weise besitzt, so dass sie sich gegenseitig unterstützen, anstatt sich zu unterdrücken und zu lähmen.

XIX
Der entwickelte Mensch

Da das Wort »entwickelt« immer nur relative Bedeutung haben kann, wird es nötig sein, näher zu erklären, was hier darunter verstanden werden soll. Die vorliegenden Abbildungen können auf jeden Menschen passen, der lauterer Gesinnung ist und sich bestimmt, bewusst und verständnisvoll vorgenommen hat, die Persönlichkeit zu überwinden und sich mit dem höheren Selbst zu vereinen. Es ist damit nicht jemand gemeint, der auf dem »Pfad«, der zur Meisterschaft führt, schon weit vorangeschritten ist, denn dann hätten wir einen bedeutenden Zuwachs an Umfang zu verzeichnen und auch eine andere Verteilung der Farben. Doch zeigen diese Abbildungen deutlich, dass der dargestellte Mensch nach höheren Wahrheiten strebt, über rein irdisches Verlangen erhaben ist und für ein edles Ideal lebt. Unter Menschen dieser Art mögen einige mehr nach einer Seite und andere nach einer anderen Seite hin entwickelt sein; hier liegt uns aber ein gutes, gleichmäßig entwickeltes Beispiel der Mittelgattung vor.

Zuerst wollen wir unsere Aufmerksamkeit auf Tafel XX, seinen Kausalkörper, richten. Wenn wir ihn mit Tafel IV und VII vergleichen, fällt der große Fortschritt auf, der gemacht worden ist. Wir sehen, dass sich in der Zwischenzeit manche positive Eigenschaft entwickelt hat, denn die herrliche, schillernde Hülle ist nun mit lieblichen Farbtönen angefüllt, die von den höheren Äußerungen der Liebe, der Hingabe und des Mitleides zeugen, getragen von Vernunft in einem feinen, durchgeistigten Verstand und vom Streben nach dem Göttlichen. Die theosophische Literatur führt dazu aus:

»Von unbegreiflich feinem Stoff gebildet, zart und ätherisch, erfüllt von innerem Leben und pulsierendem Feuer, wird der Kausalkörper beim Fortschreiten der Evolution zu einer strahlenden Kugel blitzender Farben, die von raschen Schwingungen in einem fortwährenden Wellenspiel zur Oberfläche gesandt werden, es sind Farbtöne, die auf Erden unbekannt sind, – glänzend, zart und leuchtend, so dass keine Sprache sie beschreiben kann. Nehmt die Farben eines ägyptischen Sonnenunterganges, gebt ihnen die wunderbare Weichheit eines englischen Abendhimmels, verstärkt dieses noch an Leuchtkraft, Durchsichtigkeit und Herrlichkeit, um so viel wie diese schönen Töne schon über die Farben, die ein Kind seinem Farbenkasten entnimmt, erhaben sind, und selbst dann wird keiner, der sie nicht gesehen hat, sich die Schönheit dieser leuchtenden Sphären vorstellen können, wie sie dem Hellseher erscheinen, wenn er sich zu den höheren Welten aufschwingt.

Alle diese Kausalkörper sind mit lebendigem Feuer angefüllt, das einem höheren Plan entströmt, mit dem es durch einen zitternden Strahl außerordentlich hellen Lichtes in Verbindung zu stehen scheint, was uns lebhaft an die Stanzen des Dzyan erinnert: »Der Funke hängt von der Flamme an dem feinsten Faden von Fohat herab.«[15] Wenn die Seele wächst und fähig wird, immer mehr von dem unerschöpflichen Meer des göttlichen Geistes zu empfangen, der aus diesem Faden entlang niederströmt, dann wird der Faden immer breiter und erlaubt einem größeren Strom herabzufließen, bis er uns auf dem nächsten Unterplan wie ein Wasserstrahl erscheint, der sich vom Himmel zur Erde ergießt. Höher hinauf gesehen, gleicht diese Verbindung einer großen Sphäre, durch die hindurch sich der Lebensquell ergießt, bis der Kausalkörper in das einströmende Licht aufzugehen scheint. Auch davon redet die Strophe: »Von dem Erstgeborenen an wird der Faden zwischen dem schweigenden Wächter und seinem Schatten mit jedem Wechsel stärker und leuchtender. Das Licht der Morgensonne hat sich verwandelt in Mittagsherrlichkeit. »Das ist Dein gegenwärtiges Rad«, sagte die Flamme zum Funken. »Du bist mein eigenes Selbst, mein Ebenbild und mein Schat-

---

15 Die Geheimlehre I, 66. Strophe VII, 5.

ten. Ich habe mich in dich gekleidet, und du bist mein Vahan (Gefäß) bis zum Tag »Sei-Mit-Uns«, wo du wieder Ich und Andere werden wirst, Du selbst und Ich«.

Wie unmöglich ist es, all diese Pracht auf dem Papier darzustellen. Doch der Künstler hat mit Geschick versucht, eine Andeutung von dem wiederzugeben, was kein Pinsel malen kann, und obgleich auch das beste Bild weit hinter der strahlenden Wirklichkeit zurückbleiben muss, so gibt es doch wenigstens einen Anhaltspunkt für unsere Einbildungskraft, die daraufhin versuchen mag, sich eine Vorstellung davon zu erschaffen.

Eines der höchsten Merkmale des entwickelten Menschen darf hier nicht vergessen werden, es ist die Möglichkeit, als Kanal für höhere Kräfte zu dienen. Man wird bemerken, dass sich von seinem Kausalkörper Ströme solcher Kräfte nach verschiedenen Richtungen hin ergießen, denn seine Selbstlosigkeit, die nur zu helfen und zu geben wünscht, macht es möglich, dass die göttliche Kraft immer auf ihn herabfließt, um durch ihn andere zu erreichen, die noch nicht fähig sind, sie direkt zu empfangen. Es ist wahrlich wert, danach zu streben, zum Friedensboten Gottes zu werden, und es liegt im Bereich unserer Macht, wenn wir es wünschen.

Die Krone glänzender Funken, die vom oberen Teil der Hülle ausgehen, verkündet das tätige geistige Streben und gibt der Erscheinung besondere Schönheit und Würde. Diese Funken steigen immer aufwärts, unabhängig von dem, wie der Mensch auf der physischen Ebene handelt, denn er ist auf dem höheren Plan gerade erst erwacht und fängt an, einiges über sich selbst und seine Verbindung mit dem Göttlichen zu verstehen. Er schaut hinauf zu seiner Ursprungsquelle, ganz abgesehen von irgendeiner Tätigkeit, die er zu gleicher Zeit auf dem unteren Plan ausübt. Wir dürfen nicht vergessen, dass selbst die edelste Persönlichkeit nur ein geringer und beschränkter Ausdruck des »Höheren Selbst« ist; und so findet der Mensch, sobald er beginnt, auf höheren Plänen bewusst zu werden, dass sich vor ihm fast grenzenlose Möglichkeiten auftun, von denen er in diesem eingeengten physischen Leben gar keine Ahnung haben kann.

Diese Krone aufwärts strebenden, geistigen Wirkens ist zugleich der Kanal, durch den die göttliche Kraft herniedersteigt. Je stärker und vollständiger das Streben wird, um so größer wird das Maß der Gnade von oben.

SEIN MENTALKÖRPER

Beschaut man die Hüllen der höher entwickelten Menschen, so kann es einem nicht entgehen, dass sie sich nicht allein alle verfeinern und verbessern, sondern auch dass sie einander viel ähnlicher werden. Abgesehen davon, was wir mit höheren und niederen Farboktaven bezeichneten, ist Tafel XXI eine fast vollständige Wiedergabe der Tafel XX, und die Ähnlichkeit zwischen Tafel XXI und XXII ist wohl noch größer, nur müssen wir auch hier daran denken, dass Astralfarben immer eine Oktave niedriger stehen als Mentalfarben.

Ein anderer nützlicher Vergleich ist zwischen Tafel XXI, VIII und V anzustellen, um zu sehen, wie sich die Entwicklung vom unentwickelten Menschen zum selbstlosen Menschen im Mentalkörper zeigt. Eitelkeit, Zorn und Selbstsucht sind fast ganz verschwunden, und die übrigen Farben haben so an Ausdehnung zugenommen, dass sie den Platz der fehlenden ausfüllen, zugleich ist ihre Klarheit derart, dass der Eindruck ein ganz verschiedener ist. Jede Farbe ist feiner und zarter geworden, denn jeder selbstsüchtige Gedanke ist verschwunden, und das reine Violett mit den Goldsternen ist aufgetreten, das von der Errungenschaft neuer und höherer Eigenschaften Zeugnis ablegt. Die Kraft von oben, die wir durch seinen Kausalkörper strahlen sahen, wirkt auch im Mentalkörper, doch bedeutend schwächer. Der vorliegende ist, alles in allem genommen, ein schöner Mentalkörper, er ist gut entwickelt und verspricht rasches Fortschreiten auf dem »heiligen Pfad«, wenn die Zeit dazu gekommen sein wird.

SEIN ASTRALKÖRPER

Wir erwähnten schon, wie dieser Astralkörper auf Tafel XXII dem Mentalkörper gleichen müsse, er ist auch nur wenig mehr als dessen Widerspiegelung in der gröberen Materie des Astralplanes. Das beweist, dass dieser

Mensch seine Begierden gut zu kontrollieren versteht und nicht mehr durch plötzliche Ausbrüche wilder Leidenschaft von seiner festen Basis der Vernunft und seinen Grundsätzen fortgerissen werden kann. Da er den »heiligen Pfad« noch nicht endgültig betreten hat, kann er noch manchmal zornig erregt werden und mancher nicht wünschenswerten Begierde nachgeben, jedoch werden diese Erregungen vorübergehend sein und nicht lange gegen die höheren Eigenschaften ankämpfen.

Auf einer noch höheren Stufe der Entwicklung wird der Mentalleib ein Spiegelbild des Kausalkörpers werden, da der Mensch gelernt hat, nur den Antrieben seines »Höheren Selbst« zu folgen und sein ganzes Wesen nur von ihnen leiten zu lassen.

Auf diesem Bild sehen wir auch deutlich, was zu der Vorstellung des Heiligenscheins in der Malerei führte. Das gelbe Licht der Vernunft befindet sich im oberen Teil des Astralkörpers nahe dem Kopf. Diese Farbe nimmt der noch wenig geschulte Hellseher am leichtesten wahr. Sogar ohne astrales Hellsehen kann sie gelegentlich erschaut werden, denn wenn jemand eine Predigt oder eine Vorlesung hält, so ist seine Inspiration so angeregt, dass der gelbe Schein intensiviert wird.

In manchen Fällen, deren Zeuge ich war, wurde sie so verstärkt, dass sie die Grenzen der physischen Wahrnehmbarkeit überschritt und sogar Leuten sichtbar wurde, die nur auf diesem Plan sehen können. In diesem Fall ist es nicht die Astralmaterie, deren Schwingungen sich so verlangsamen, dass sie zu physischen herabsinken, sondern im Gegenteil, sie werden so verstärkt, dass sie im Stande sind, ähnliche Schwingungen in der dichteren Materie des physischen Planes zu erregen. Ohne Zweifel haben solche Fälle oder die Erzählungen Hellsichtiger bei den Malern des Mittelalters die Idee der Heiligenscheine erweckt. Hier muss noch erwähnt werden, dass man gewöhnlich in den Heiligenschein des Christus ein Kreuz malt, und auch das liegt im Bereich der Möglichkeiten, wenn wir den Standpunkt des geschulten Sehers einnehmen, denn es ist beobachtet worden, dass in der Aura hoch entwickelter Menschen sich verschiedene geometrische Figuren bilden, die Zeichen hoher, abstrakter Gedanken sind. Einige davon zeigen die Abbildungen in »Gedankenformen«.

Es ist ratsam, dass der Studierende die Abbildungen untereinander vergleicht, um besser ihren inneren Zusammenhang zu verstehen, einerseits Kausal-, Mental- und Astralkörper untereinander, da sie teilweise Kundgebungen desselben Wesens sind, und andererseits die Tafeln VI, IX und XXII, um den Fortschritt zu verfolgen, wie er sich im Astralkörper äußert, da dieser am leichtesten geschaut werden kann, und in der Regel sogar der einzige ist, den der psychisch Veranlagte überhaupt sehen kann. Derselbe Vergleich sollte auch noch zwischen Tafel V, VIII und XXI angestellt werden und auch zwischen IV, VII und XX, um den Fortschritt des Menschen zu erkennen, wie er sich in den höheren Körpern manifestiert.

In der theosophischen Literatur gibt es eine Anzahl Werke, die eine andere Seite der Evolution behandeln und die die verschiedenen Eigenschaften aufzählen, die auf jeder Entwicklungsstufe erforderlich sind. Das ist ein Thema von tiefgehendem Interesse, liegt aber außerhalb des Planes dieses Buches. Für ein weitergehendes Studium empfiehlt sich die Lektüre von C. W. Leadbeater: »Die Meister und der Pfad«, Annie Besant: »Der Pfad zum Tempel der Weisheit« und Mabel Collins: »Licht auf den Pfad«.[16]

Diese Bücher geben einen Begriff von den Bedingungen des geistigen Pfades, von dessen Zielen und von der herrlichen Zukunft, die alle Menschen erwartet, wenn diese Bedingungen erfüllt und nach vielen Verkörperungen endlich die Aufgaben, die das physische Leben stellt, erlernt wurden. Dann haben wir die »Auferstehung von den Toten« erreicht, nach der Paulus so sehnlich verlangte – dann werden wir vom Rad der Wiedergeburt und für immer vom eisernen Gesetz der Notwendigkeit befreit sein. Wir werden frei sein, um unseren Mitmenschen auf dem Pfad, den wir betraten, vorwärts zu helfen, bis auch sie, gleich uns, das Licht und den Sieg erringen. Dieses Ziel ist für alle vorhanden, und es zu erreichen, ist für jede Seele nur eine Frage der Zeit, so jung sie auch sein mag. Die Erlösung jedes Menschen ist über alle Zweifel erhaben, da es ja nur seine eigene Unwissenheit und seine eigenen Irrungen sind, von denen er erlöst werden soll. Die Erlösung ist nicht eine Hoffnung, die in ferne Zukunft verlegt wird, sondern eine gegenwärtige Gewissheit. Alle werden zum Licht gelangen, denn das ist Gottes Wille, und

---

16 Alle Aquamarin Verlag, Grafing.

dazu rief er sie ins Dasein. Die Welt schreitet vorwärts, die Kräfte entwickeln sich immer mehr, die Morgensonne wird sich bald zum Mittagsglanz verstärken! Das Ende des Fortschrittes kann jedoch unser schärfstes Prophetenauge nicht erblicken, die Aussichten, die uns erwarten, sind ihm verborgen. Wir wissen nur, dass sie bis zu unbeschreiblicher, göttlicher, unendlicher Herrlichkeit führen.

XX

Die Gesundheits-Aura

Bis jetzt sprachen wir nur von den Körpern des Menschen, die den höheren Plänen angehören. Unsere Aufgabe wäre jedoch nicht vollständig, würden wir die feinere physische Materie übergehen, die dem Hellseher als zur menschlichen Aura gehörend erscheint. Ein Teil dieses Stoffes ist im Ätherzustand und bildet das, was man zuweilen den Doppelgänger nennt. Das ist nun keine besondere Hülle, sondern muss als Teil des physischen Körpers angesehen werden. Der Hellseher sieht ihn ganz deutlich als schwach leuchtenden, grauvioletten Nebel, der alle Teile des physischen Körpers durchdringt und nicht sehr weit über ihn hinausreicht, wie es Tafel XXIII und XXIV zeigen. Dieser Ätherstoff bildet das Band zwischen dem Astral- und dem physischen Körper, doch kommt ihm als Träger der Lebenskraft noch eine zweite wichtige Tätigkeit auf dem physischen Plan zu.

Die Lebenskraft strömt von der Sonne auf uns herab, und in diesem Sinn ist die Sonne wirklich die Quelle des Lebens, wie sie es auch schon durch Licht und Wärme in der uns umgebenden Welt ist. Die ganze Atmosphäre der Erde ist von dieser Lebenskraft angefüllt, doch ist sie besonders tätig beim vollen Sonnenschein. Unsere physischen Körper existieren nur dadurch, dass sie die Fähigkeit haben, diese Kraft in sich aufzunehmen, und das geschieht durch den ätherischen Widerpart der Milz, denn dieses Organ besitzt die besondere Eigenschaft, diese Kraft so zu verändern, dass sie ein ganz anderes Aussehen erhält.

Gleich allen übrigen Kräften, ist auch diese hier unsichtbar. Sie umgibt uns und ist von unzähligen Partikeln begleitet, die farblos sind und sich in ewiger Bewegung befinden. Nachdem sie aber von der Milz in den Körper eingeführt wurden, nehmen sie eine schöne helle Rosafarbe an und durchziehen den ganzen Menschen, indem sie längs den Nerven hinströmen, so wie Blut-körper durch Adern und Venen fließen. Das Gehirn ist der Mittelpunkt dieses Nervenkreislaufes. Auf unserem Bild ist ein Versuch gemacht worden, dieses Strömen darzustellen, doch darf man es durchaus nicht als eine unbedingt genaue Zeichnung des Nervensystems ansehen.

Dieses Strömen bildet die Grundlage zu einer gesunden Nerventätigkeit, denn sobald es aufgehoben wird, verschwindet jedes Gefühl. Wir wissen, dass Kälte ein Glied derartig lähmen kann, dass es vollständig unempfind-lich wird. Das kommt daher, weil die Lebenskraft nicht mehr durch das be-treffende Glied strömt. Man könnte einwenden, dass es vom unterbrochenen Blutkreislauf herrühre, doch wer sich mit Mesmerismus beschäftigt hat, weiß sehr wohl, wie man diese Wirkung der Unempfindlichkeit durch magneti-sches Streichen hervorbringen kann, und dabei wird der Blutkreislauf kei-neswegs gehemmt, denn das Glied behält seine Wärme, während der Kreis-lauf des Lebensfluides aufgehalten und durch die magnetische Kraft ersetzt wird. Die Nerven des Subjektes sind immerhin vorhanden und, soweit das physische Gesicht reicht, in normalem Zustand, aber keine Empfindung wird wahrgenommen, weil die Nerven nicht mit dem eigenen Gehirn in Verbin-dung stehen, sondern mit dem des Magnetiseurs.

In einem gesunden Menschen arbeitet die Milz so gründlich, dass die an-geeignete Lebenskraft in großer Menge vorhanden ist und stetig, nach allen Seiten hin, vom Körper ausstrahlt. Ein vollkommen Gesunder kann daher nicht nur wissentlich durch Magnetisieren einiges davon anderen mitteilen, sondern auch oft ganz unwissentlich, indem er Kraft und Lebensenergie auf seine Umgebung ausströmt. Andererseits wird ein Mensch, der durch Schwä-che oder andere Gründe verhindert ist, die für ihn erforderliche Lebenskraft in gehöriger Menge zu erzeugen, oft unwissentlich wie ein Schwamm auf an-dere wirken und die erzeugte Lebensenergie sensitiven Menschen entziehen, die unglücklicherweise in seine Nähe kommen. Das wird natürlich zu sei-nem zeitweiligen Wohlbefinden beitragen, aber die betreffenden Menschen werden körperlich geschwächt. Viele haben das in stärkerem oder geringe-rem Maß selbst erfahren, indem sie bemerkten, dass es unter ihren Bekann-ten Menschen gab, bei deren Fortgehen sie eine unerklärliche Müdigkeit und

Niedergeschlagenheit empfanden. Eine ähnliche Müdigkeit überfällt bei spiritistischen Sitzungen diejenigen, die sich nicht durch Vorsichtsmaßregeln gegen die Entziehung der Lebenskraft schützen, die bei solchen Sitzungen immer stattfindet.

Diese Ausströmungen beeinflussen sehr die Erscheinung, die wir die physische Aura des Menschen nennen wollen. Es ist allgemein bekannt, dass unendlich kleine Teilchen festen, physischen Stoffes fortwährend vom Körper durch Schweißabsonderung und auf andere Weise ausgestoßen werden. Diese Teilchen erscheinen dem Hellseher wie ein leichter grauer Nebel. Oft bestehen diese ausgestoßenen Partikel aus ganz feinen Kristallen und sind von bestimmter geometrischer Form, so sieht man beispielsweise sehr häufig die unendlich kleinen Würfel des Natrium-Chlorids oder Kochsalzes. Dieser rein physische Teil der menschlichen Aura wird öfters die Gesundheits-Aura genannt, weil die physische Gesundheit einen großen Einfluss auf ihre Erscheinung hat. Sie ist von sehr blassem, bläulichem Weiß, beinahe farblos und erscheint uns gestreift, d. h. sie besteht aus einer unendlichen Menge feiner Strahlen, die von den Poren des Körpers nach allen Seiten ausströmen. Bei völliger Gesundheit erscheinen diese Streifen regelrecht parallel, je nach ihrer Stellung zum Körper; doch sobald Krankheit eintritt, erfolgt sofort eine Veränderung, die Strahlen in der Nähe des kranken Teiles geraten in Unordnung, kreuzen sich untereinander und senken sich herab, wie die Stängel verwelkter Blumen.

Der Grund dieser sonderbaren Erscheinung ist höchst interessant. Wir finden nämlich, dass die Steifheit und parallele Stellung dieser Ausstrahlungen durch das fortwährende Hervortreten des überflüssigen Lebensfluides bewirkt wird; tritt nun Krankheit ein, so hört diese Ausstrahlung auf und bewirkt die soeben erwähnte Verwirrung. Wird die körperliche Gesundheit wiederhergestellt, so ordnen sich die Linien nach und nach wieder, da die regelmäßige magnetische Ausstrahlung der Lebenskraft wieder eintritt. Solange die Linien geradeaus gerichtet sind und die Lebensenergie zwischen ihnen fortwährend ausströmt, ist der Mensch fast völlig gesichert gegen alle schlechten physischen Einflüsse, Krankheitskeime, Bazillen usw., da diese Keime durch das Ausstoßen der Lebenskraft zurückgestoßen und weggefegt werden. Doch wenn durch irgendeine Ursache, sei es Körperschwäche, Wunden, Verletzungen, Überanstrengung oder die Ausschweifungen eines ungeregelten Lebens, von dieser Kraft eine größere Menge als gewöhnlich innen benötigt wird, um den Ausfall zu ersetzen und infolgedessen eine bedeutende Verminderung in der Ausstrahlung eintritt, dann wird dieses Verteidigungssystem bedenklich geschwächt, und das Eindringen gesundheitszerstörender Keime wird verhältnismäßig leicht.

Erwähnt muss noch werden, dass man durch Willenskraft diese Strahlungen an der äußersten Spitze der Linien aufzuhalten vermag und sie miteinander verbinden kann, um einen Wall oder eine feste Schale herzustellen, die für solche Keime undurchdringlich ist; und wenn diese Anstrengung noch etwas weitergeführt wird, so kann auch kein Elementar- oder Astraleinfluss eindringen, wenigstens nicht solange der Willensakt anhält.

Abbildungen dieser Aura in Gesundheit und Krankheit befinden sich auf Tafel XXIII und XXIV. Zu erwähnen wäre hier, dass diese noch aus physischem Stoff besteht und daher leichter zu erblicken ist. Sie erscheint farblos oder pfirsichfarben, je nachdem der Seher sie astral oder ätherisch betrachtet und je nachdem wie weit der betreffende Mensch fortgeschritten ist.

XXI

Der Kausalkörper des Meisters

Die Abbildungen dieses Buches werden hoffentlich in denen, die noch keine der höheren Hüllen des Menschen sehen können, gewisse Vorstellungen erwecken und bis zu einem gewissen Grad auch erklärend wirken. In dieser Hoffnung wurden sie veröffentlicht, doch die, die sehen können, werden zwar dem Künstler Anerkennung zollen für die Mühe und das Geschick, mit denen er das Unmögliche möglich zu machen versuchte, werden sich aber doch eingestehen müssen, dass man selbst die unterste der feinstofflichen Ebenen nie auf Papier oder Leinwand abbilden kann. Somit muss es eine noch hoffnungslosere Unmöglichkeit sein (wenn wir uns dieses ungeeigneten, aber bezeichnenden Ausdruckes bedienen dürfen), einen Meister darzustellen, »einen Menschen, der das Ziel erreicht hat«, und mehr als Mensch geworden ist.

Bei einem solchen Menschen hat der Kausalkörper bedeutend an Umfang zugenommen und leuchtet wie Sonnenglanz in seiner strahlenden Pracht – über alle Vorstellungskraft erhaben. Worte können die Schönheit der Form und der Farben nicht wiedergeben, denn die Sprache der Sterblichen weist keine Ausdrücke auf, um dieses strahlende Kraftzentrum zu beschreiben.

Man kann höchstens veranschaulichen, inwieweit die Größe des Körpers zugenommen hat und welche Anordnung die Farben angenommen haben. Diese kreisen nicht mehr als bewegliche Wolken, sondern sind in konzentrische Schalen geordnet, die allseits von lebendigem Licht durchdrungen sind, das vom Menschen, als dem Zentrum selbst, ausgeht. Doch die Anordnung der Farben wechselt mit dem Typus, dem der Meister angehört, so dass sich in den korrespondierenden Aura-Feldern einige deutliche Verschiedenheiten befinden. In Anbetracht des eben Gesagten, das doch gewiss in den Einzelheiten der großen Menge nicht offenbart wurde, ist es hoch interessant, dass in buddhistischen Ländern eine wissenschaftliche Überlieferung besteht, wie man es in den grob ausgeführten Buddha-Bildern der Tempelwände Ceylons sehen kann. Der hohe Meister wird dort immer von einer Aura umgeben dargestellt, deren Färbung für einen gewöhnlichen Menschen ganz unrichtig und falsch wäre, ja sogar für einen gewöhnlichen Adepten (wenn wir, ohne die Ehrfurcht zu verletzen, solch ein Eigenschaftswort hier anwenden dürfen) nicht zutreffend wäre. Um so wunderbarer ist es, dass die höhere Hülle des Meisters entsprechend der Tradition, zu der jener Große gehörte, zwar in ungemein grober und materieller Weise, doch im Großen und Ganzen richtig dargestellt wird. Sogar die Linie der Gesundheits-Aura kann man auf einigen dieser Abbildungen sehen.

Ist es auch unmöglich, den Kausalkörper des Meisters zu zeichnen, so kann man doch versuchen, eine schwache Idee der Größe und Erscheinung eines weit vorgeschrittenen Chelas zu geben, eines Schülers, der die vierte Stufe des »Heiligen Pfades« erreicht hat, die man in den Büchern des Orients die Stufe des Arhat nennt. Dieser Versuch ist auf Tafel XXV gemacht worden, doch um das Bild einigermaßen zu vervollständigen, ist ein weit größerer Aufwand von Vorstellungskraft nötig, als bei den früheren, weil die Farben dieses Kausalkörpers zwei Eigenschaften besitzen, die sich auf dem physischen Plan gegenseitig ausschließen. Sie sind bei Weitem zarter und durchsichtiger als alle früher beschriebenen und zugleich viel intensiver, glühender und leuchtender. Da wir nicht mit Feuer, sondern nur mit Farben malen können, werden wir uns immer in einem Dilemma befinden, denn wollten wir versuchen, die Fülle und Tiefe der Farben wiederzugeben, so würden sie grob und schwer erscheinen; versuchten wir dagegen, die wunderbare Durchsichtigkeit und den Glanz darzustellen, so würden die Farben ganz verschwinden in dem Strahlen und der Macht des Lichtes, welche die wahren Merkmale dieser Glorie sind.

Da jedoch schon bei den anderen Kausalkörpern der Versuch unternommen wurde, eine Idee der durchsichtigen Eiform zu geben, so schien es in diesem Fall besser, die Tiefe der Farbtöne, deren Anordnung und Größe zumindest anzudeuten. Letzteres konnte nur bewerkstelligt werden, indem wir die Zeichnung des physischen Körpers bedeutend verkleinerten, denn hätten wir die gleichen Verhältnisse beibehalten, so hätte der Kausalkörper des

Meisters mehrere Quadratmeter Papier erfordert; wir mussten also eine starke Verkleinerung vornehmen, um die Zeichnung auf einer Tafel unterzubringen. Trotzdem haben wir höchstens die Möglichkeit erreicht, den Beschauer anzuregen, sich selbst ein Mentalbild zu erschaffen, das vielleicht weniger ungenau sein wird als unsere Darstellung.

Beim Betrachten des so hergestellten Bildes fallen sofort die hoch entwickelten Farben der Vernunft, der Liebe und der Hingabe auf. Welche Fülle des Mitleides und welche charakteristischen Merkmale höchster Vergeistigung treten uns hier entgegen! Der Strom der göttlichen Kraft, den wir auf Tafel XX angaben, ist hier ins Unermessliche verstärkt, denn ein Meister ist ein fast vollkommener Kanal für das Leben und die Liebe des Logos. Nicht nur weißes Licht strahlt in Herrlichkeit, sondern alle Farben des Regenbogens spielen um ihn in wechselndem Glanz, wie in Perlmutt schimmernd. In dieser Strahlenfülle ist für jeden, der sich ihr nähert, etwas vorhanden, um seine höchsten Eigenschaften zu verstärken, gleichgültig welcher Art sie sein mögen. Niemand kann in den Umkreis seiner Wirksamkeit treten, ohne dadurch besser zu werden. Er erleuchtet, der Sonne gleich, seine ganze Umgebung. Er ist eine Offenbarung des Logos geworden.

Die Mental- und Astralkörper, die diesem Kausalkörper entsprechen, haben fast gar keine besonderen Merkmale, sondern sind seine Wiedergabe, insofern sie fähig sind, dieselben Farben in ihren niederen Oktaven zu spiegeln. Sie besitzen ein Leuchten, das über jede Beschreibung erhaben ist.

Wir hoffen, dass dieses Studium der inneren Körper unseren Lesern wenigstens einen Gewinn gebracht hat, indem es ihnen zeigte, dass der wahre Mensch nicht jene Anhäufung physischen Stoffes ist, die sich in der Mitte der Eiform kristallisiert und der wir in unserem Irrtum solchen Wert beilegen. Zwar können wir den wahren Menschen, das höhere Selbst, die innere göttliche Dreiheit, mit hellsehenden Augen nicht erblicken, doch je mehr unsere Schauung an Schärfe zunimmt, desto mehr nähern wir uns dem, was sich im Menschen verhüllt, und da für den Augenblick der Kausalkörper die höchste der Hüllen ist, die wir wahrnehmen können, so ist es diese, die uns vorerst den besten Begriff des wahren Menschen bietet. Betrachten wir den Menschen vom Standpunkt des unteren Mentalplanes aus, so sehen wir natürlich nur so viel von ihm, wie sich auf diesem Plan als Ausdruck seiner Persönlichkeit kundgeben kann. Betrachten wir ihn im Astralkörper, so fühlen wir, dass ein neuer Schleier vorgezogen wurde, denn nun erfahren wir vom Menschen nur so viel, als uns sein Wunschkörper zeigen kann. Auf dem physischen Plan steht es noch schlimmer, denn der Mensch, den wir vor uns sehen, ist noch verhüllter als in den höheren Ebenen.

Vielleicht trägt diese Erkenntnis dazu bei, eine bessere Meinung von unseren Mitmenschen zu erhalten, wenn wir bedenken, wieviel mehr sie sind, als was unsere physischen Augen erblicken können. Immer liegen höhere Möglichkeiten im Hintergrund, und oft erwachen sie aus ihrem latenten Zustand und offenbaren sich so, dass ein jeder sie wahrnehmen kann. Jetzt, wo wir wissen, wie der Mensch beschaffen ist, wird es uns vielleicht leichter sein, durch die Schleier zu der dahinter liegenden Wirklichkeit durchzudringen. Unser Glaube an die Menschheit muss sich verstärken, wenn wir bedenken, dass sie ein Teil der göttlichen Natur in der Manifestation ist; und sicher werden wir unseren Mitmenschen besser helfen können und wollen, wenn in uns die Erkenntnis erwacht, dass wir eins mit ihnen sind. Leuchtet in uns das Gotteslicht heller als in den anderen, so ist es unsere Pflicht, ihnen ohne Unterlass davon mitzuteilen. Gelangten wir beim Aufstieg auf eine höhere Stufe der Leiter, so geschah es nur, um ihnen desto hilfreicher die Hand zu reichen. Je besser wir das herrliche Meisterwerk der Evolution begreifen, dessen äußere Kundgebungen wir in diesem Buch betrachteten, desto tiefer verstehen wir den Zweck der heiligen Selbstaufopferung des Logos. So erhaben ist dieses Meisterwerk über all unser Denken, so vollkommen schön, dass es genügt, es nur ahnend zu erblicken, um immerfort den Wunsch zu haben, an seiner Verwirklichung mitzuarbeiten. Es zu sehen heißt, sich ihm hinzugeben, und sei es auch im geringsten Beitrag, denn wer in Harmonie mit dem Unendlichen wirkt, arbeitet für die Ewigkeit und nicht in der Zeit. In all den Äonen, die vor uns liegen, vergeht sein Wirken nicht.

#	Plan			Dreifache Offenbarung		
7	Mahaparanirvanischer Plan		Erste	●	○	○
6	Paranirvanischer Plan		Zweite		○	○
5	Atmischer Plan	atomisch				Dritte ✠
		Geist		Der dreifache Aspekt des Menschen		
				✾	✾	✾
4	Buddhischer Plan	atomisch				
		Das sich wiederverkörpernde Ich oder die Seele des Menschen		Intuition ✾		✾
3	Mentalplan	atomisch — ohne Körper		Intelligenz Kausalkörper		✪
		mit Körper		Mentalkörper		
2	Astralplan	atomisch		Astralkörper		
1	Physischer Plan	atomisch		Ätherkörper		
		unter-atomisch				
		über-ätherisch				
		ätherisch				
		gasförmig		dichter physischer Körper		
		flüssig				
		fest				

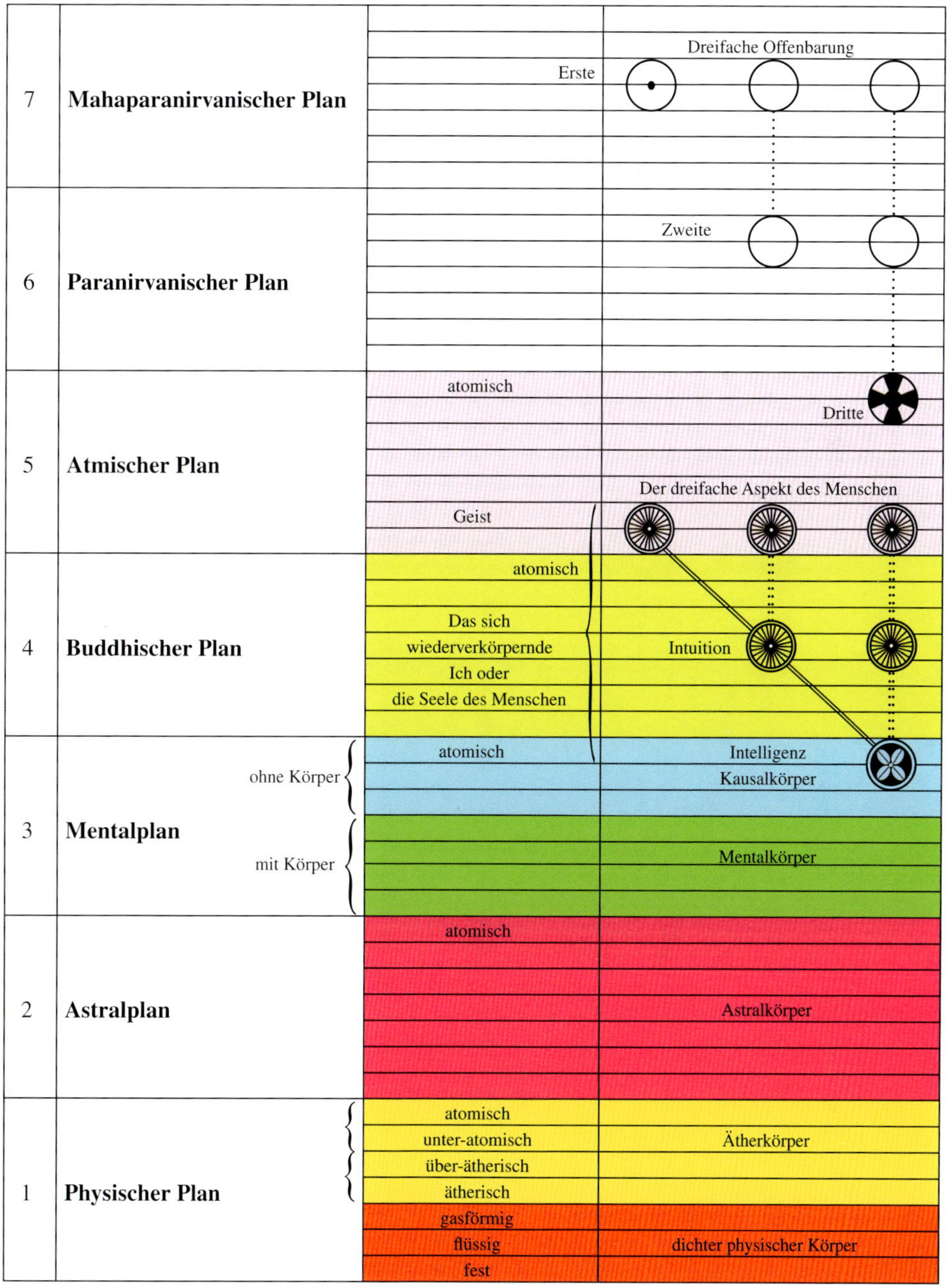

Abbildung I

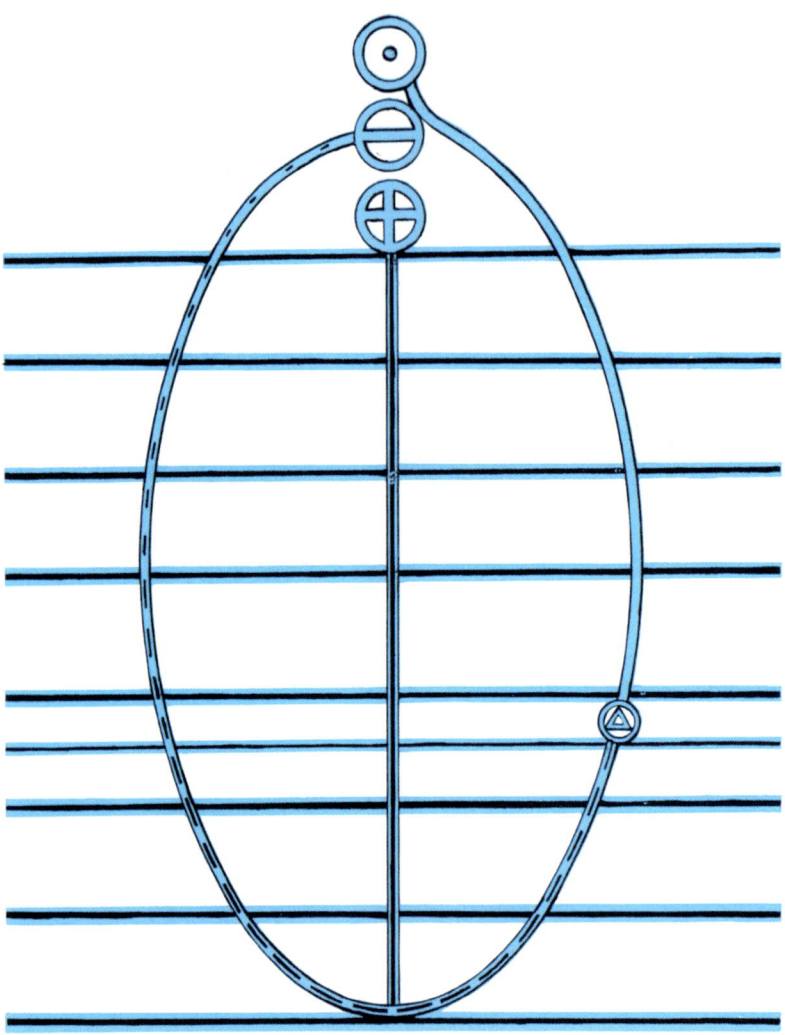

Abbildung II

Die drei Lebenswellen (nach C. Jinarajadasa)

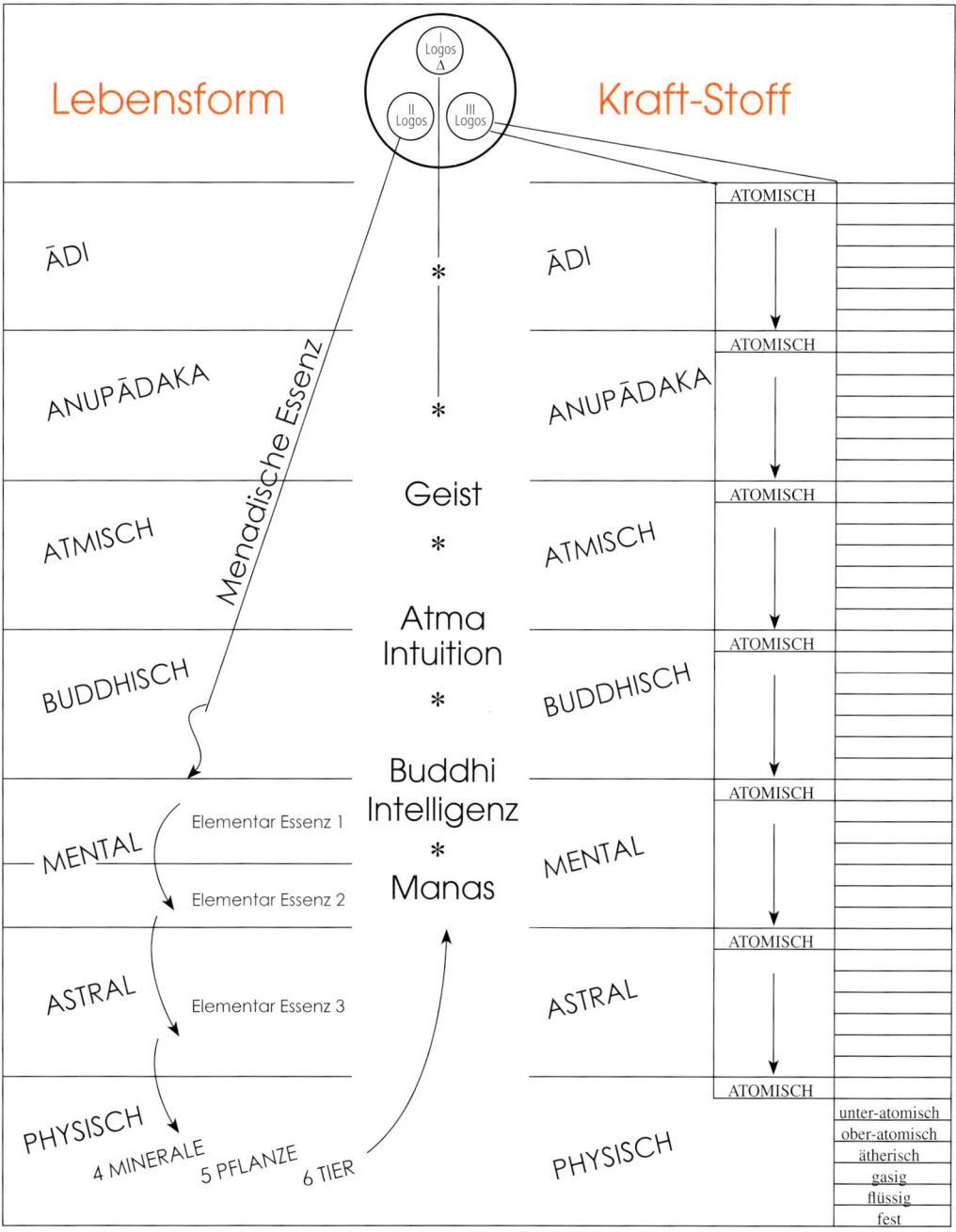

* Die Siebenteilung kann in den nach oben hin folgenden unstofflichen Welten nicht wahrgenommen werden. (D. H.)

Abbildung IIa

Geist

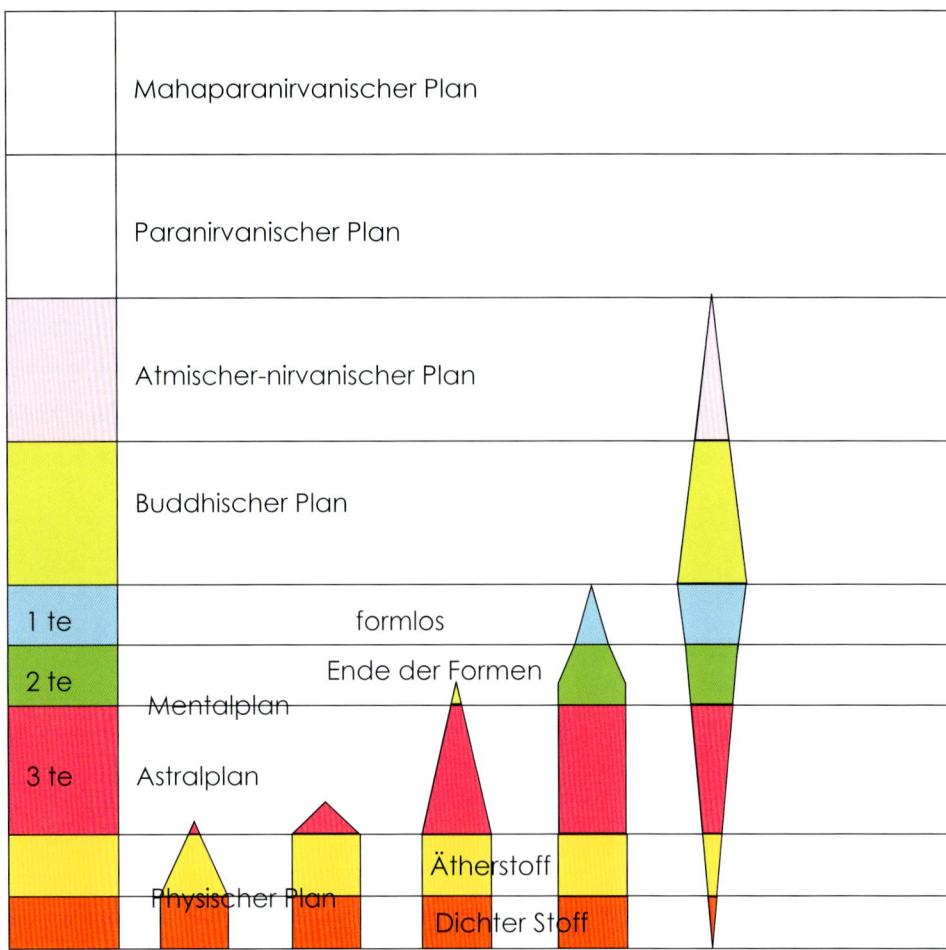

Abbildung III

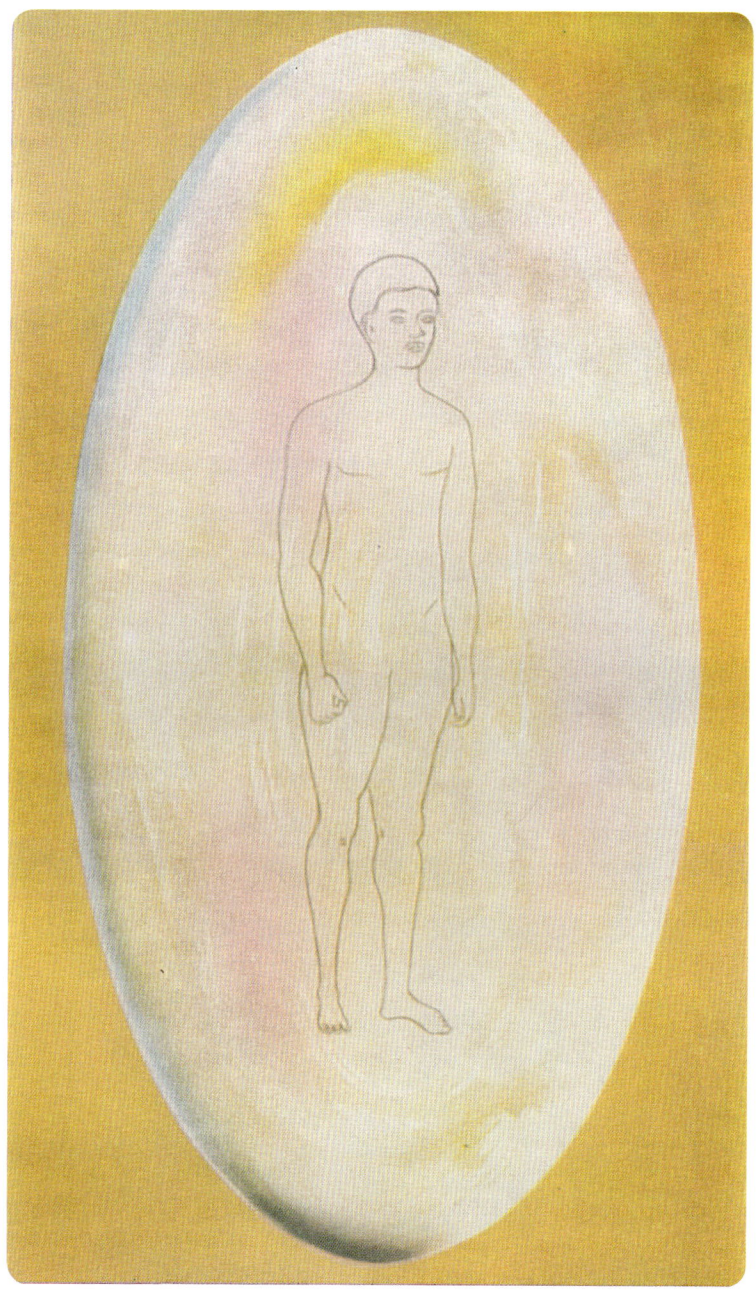

Abbildung IV

Abbildung V

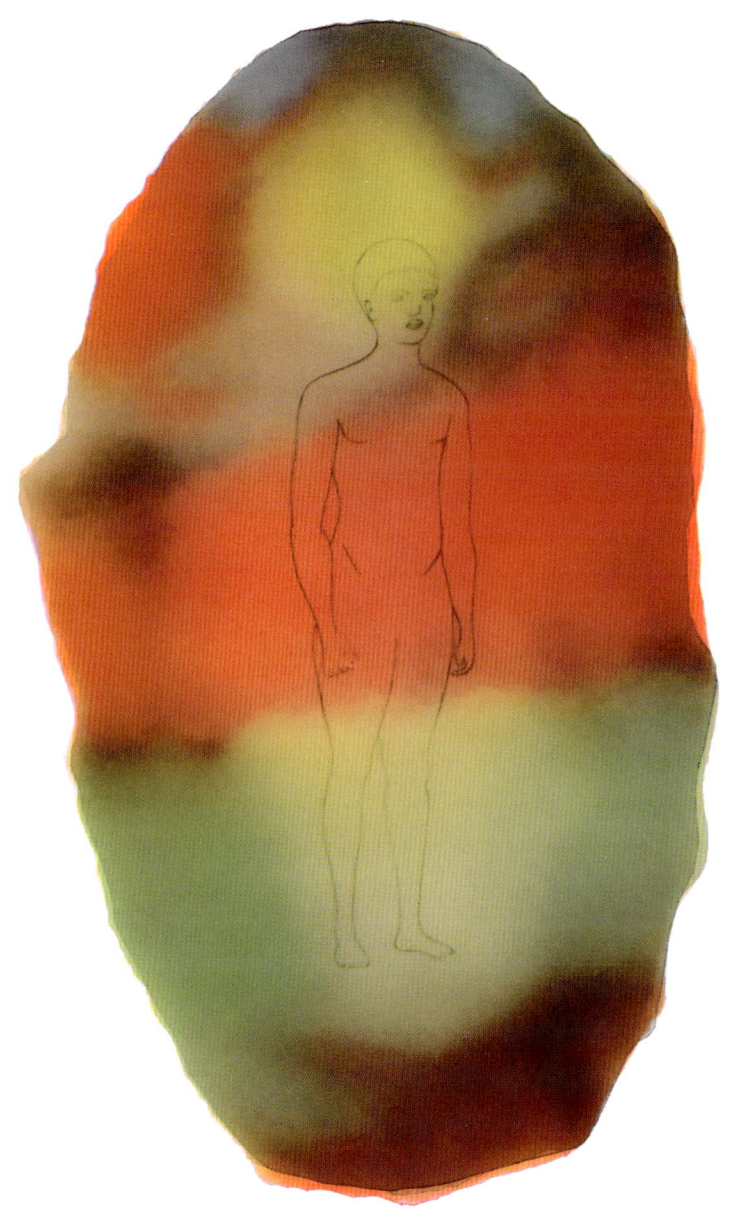

Abbildung VI

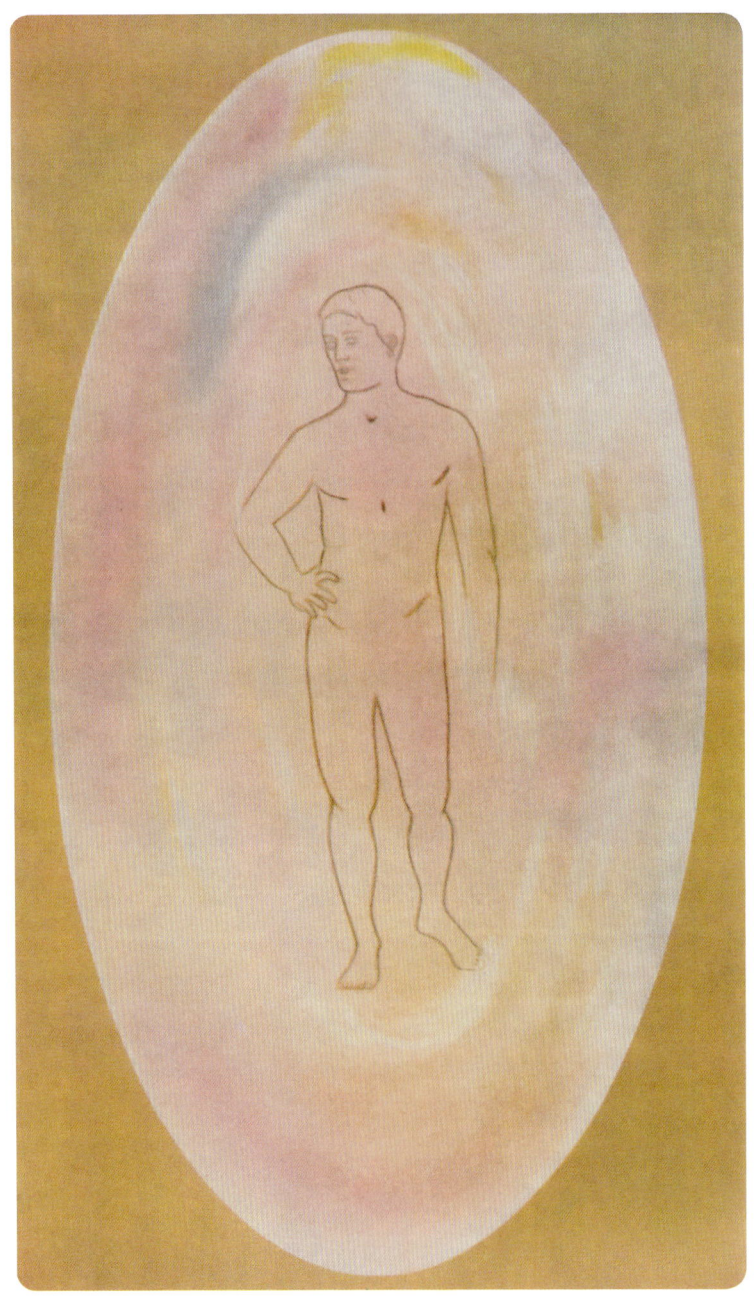

Abbildung VII

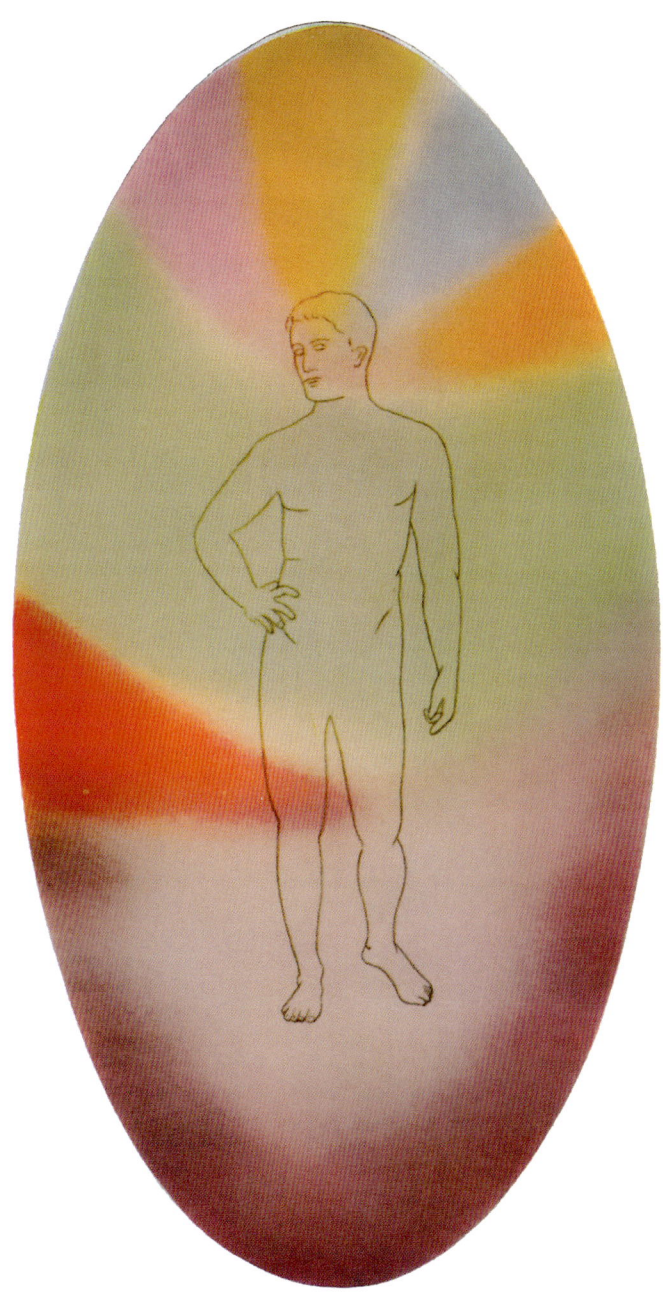

Abbildung VIII

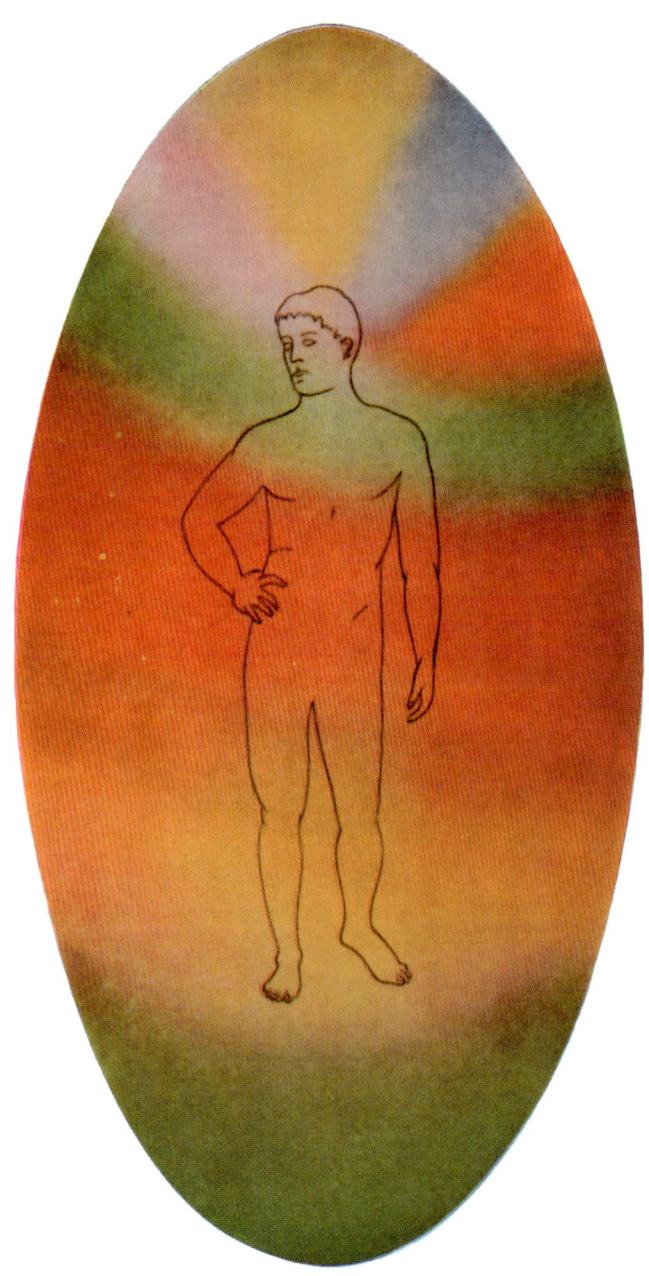

Abbildung IX

Abbildung X

Abbildung XI

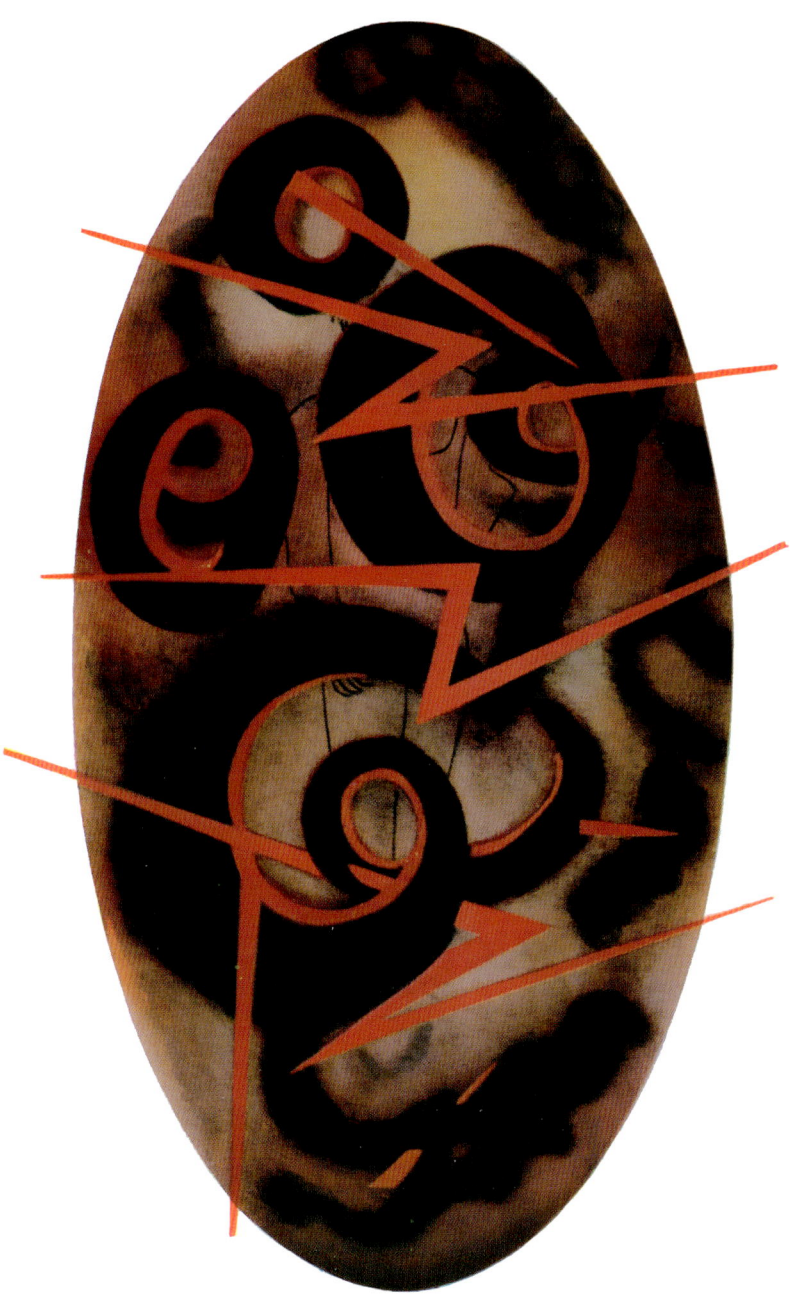

Abbildung XII

Abbildung XIII

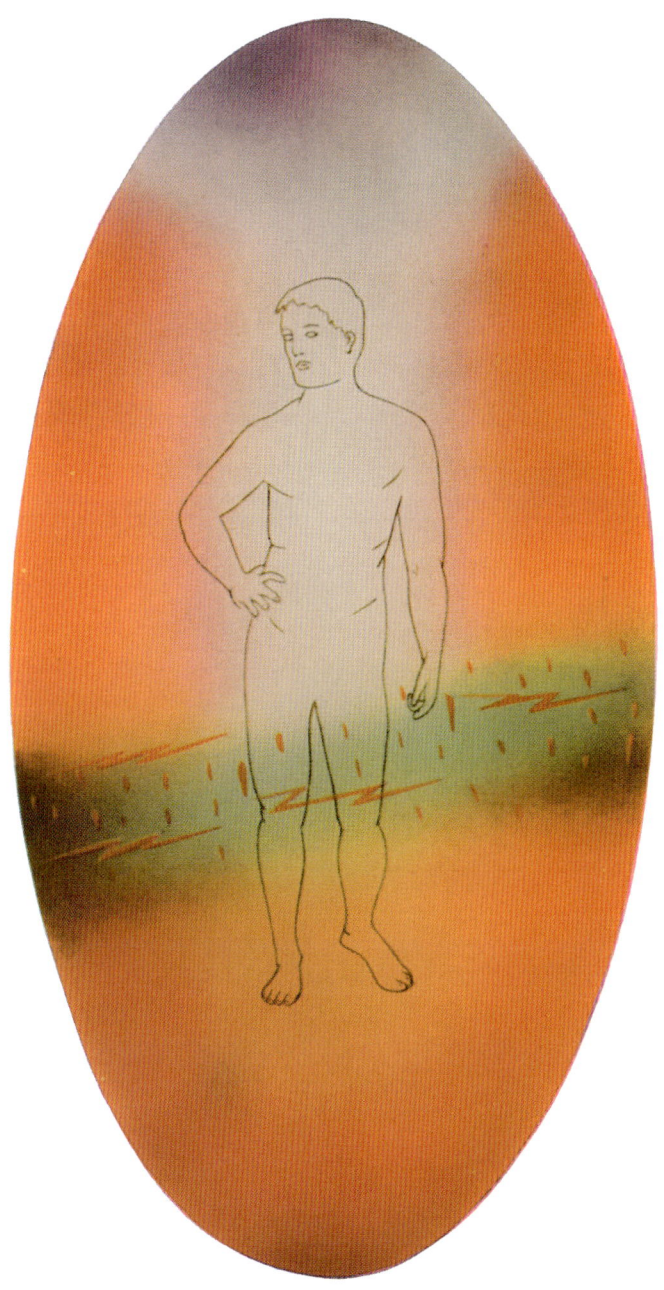

Abbildung XIV

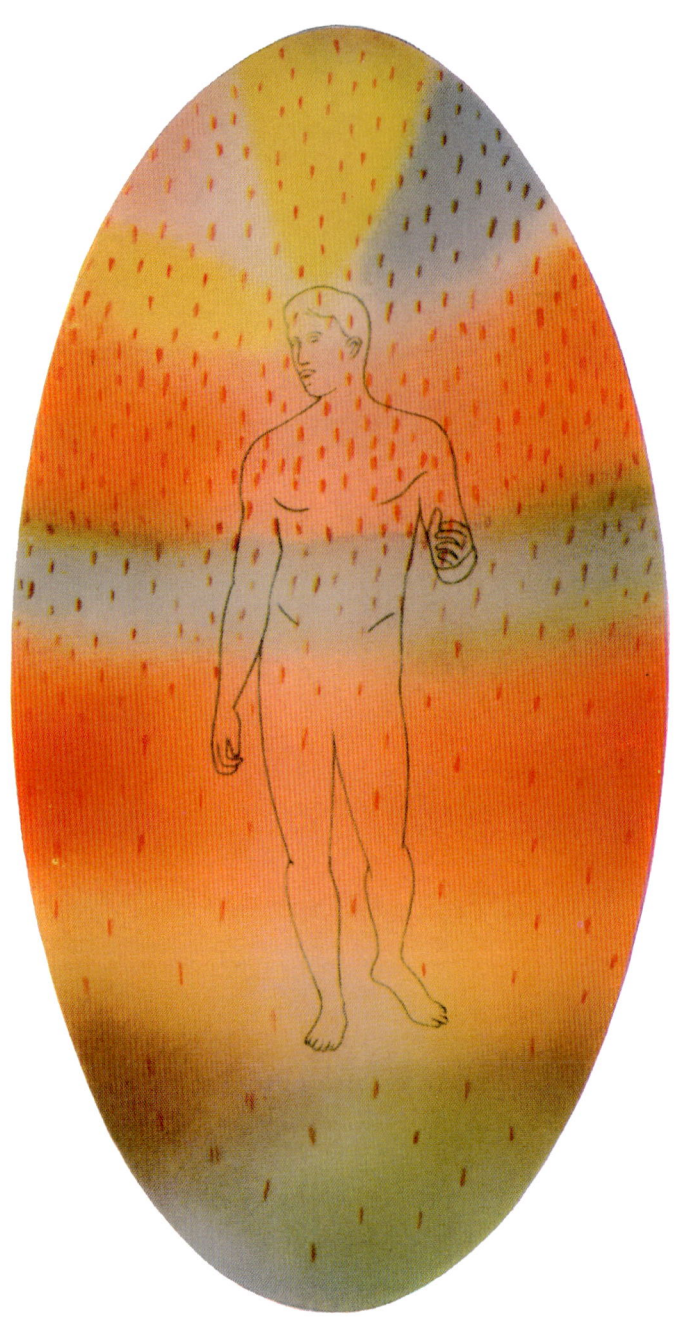

Abbildung XV

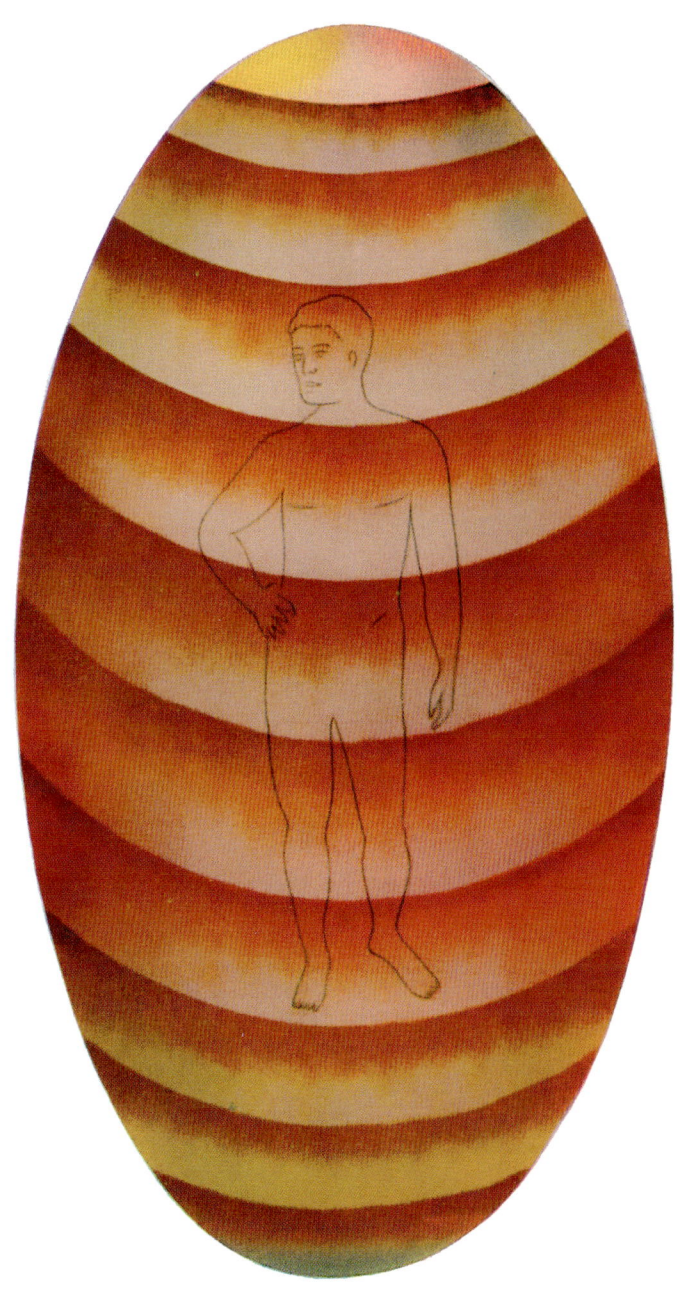

Abbildung XVI

Abbildung XVII

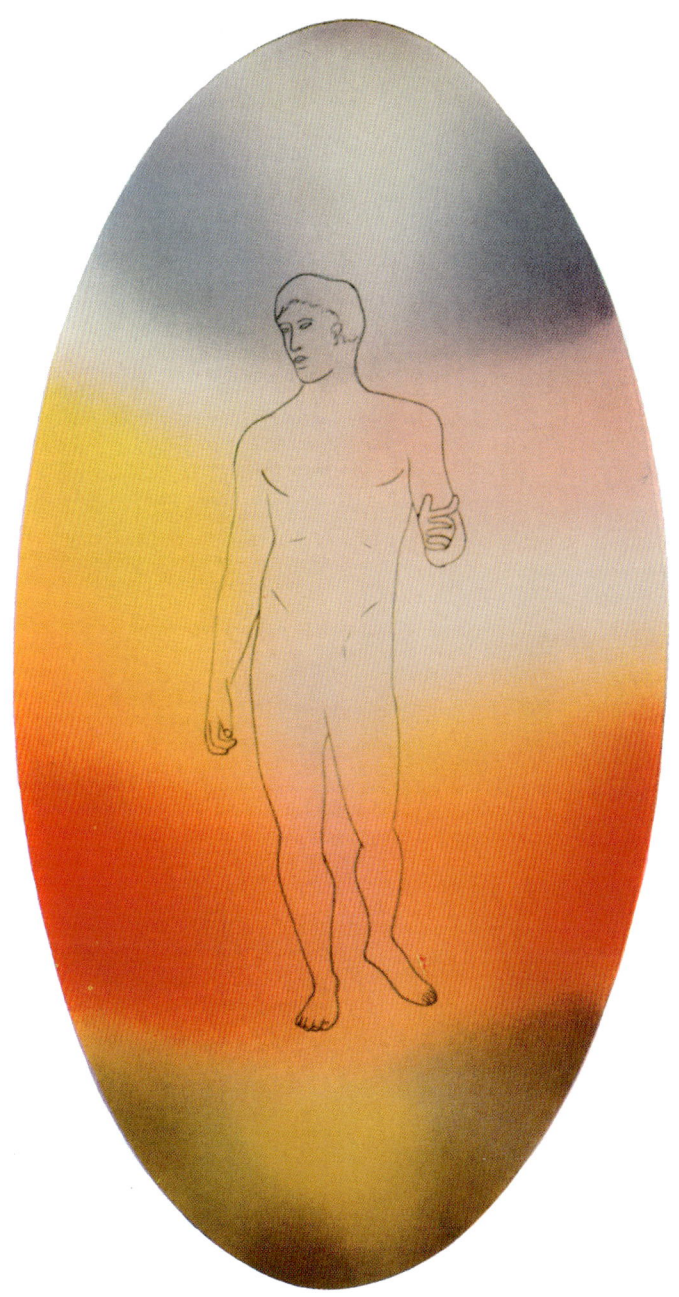

Abbildung XVIII

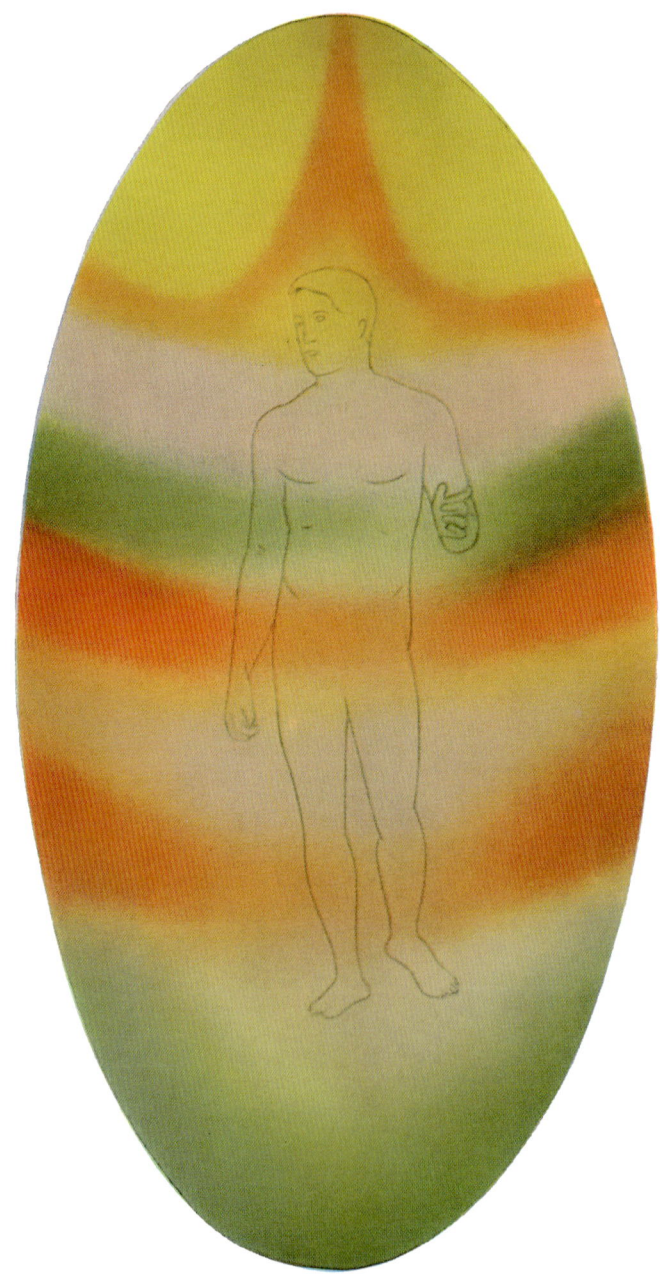

Abbildung XIX

Abbildung XX

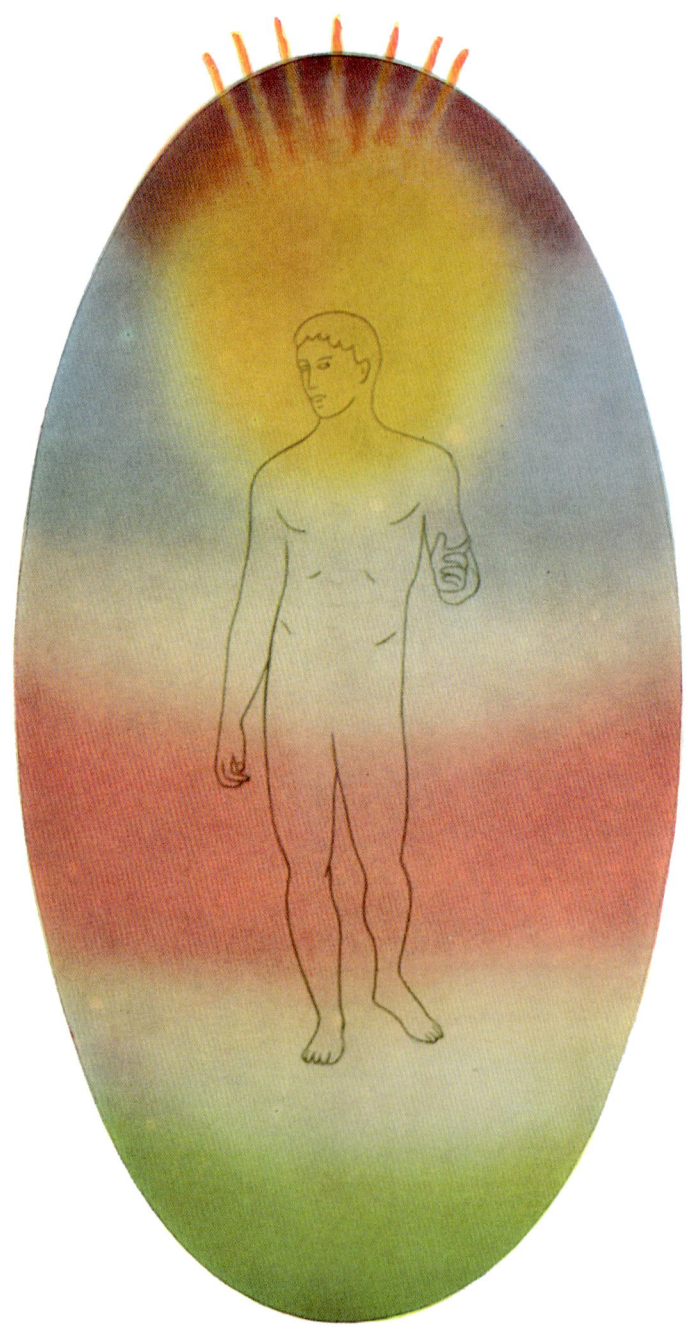

Abbildung XXI

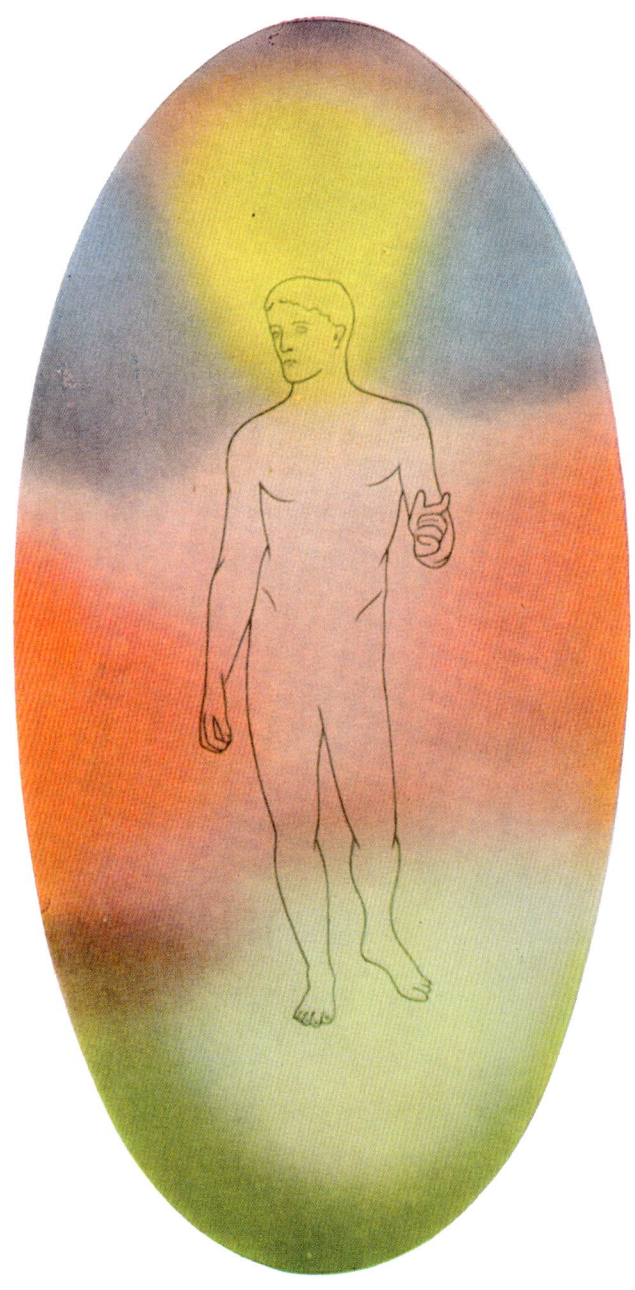

Abbildung XXII

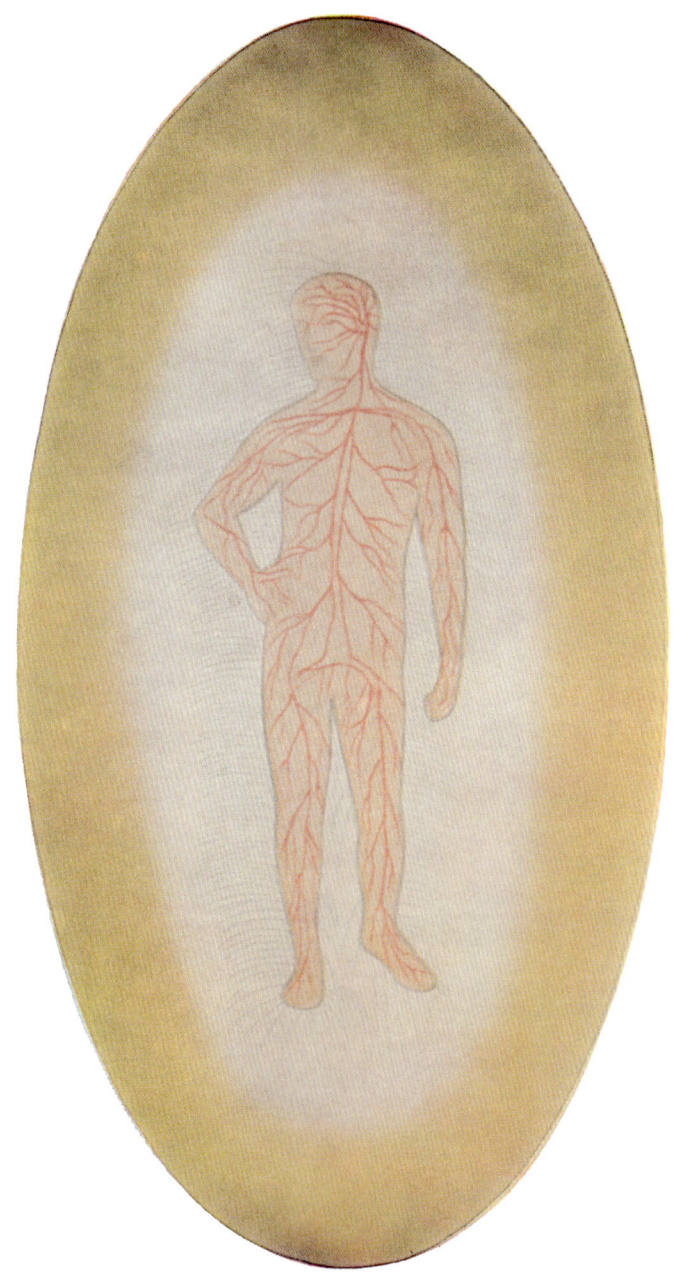

Abbildung XXII

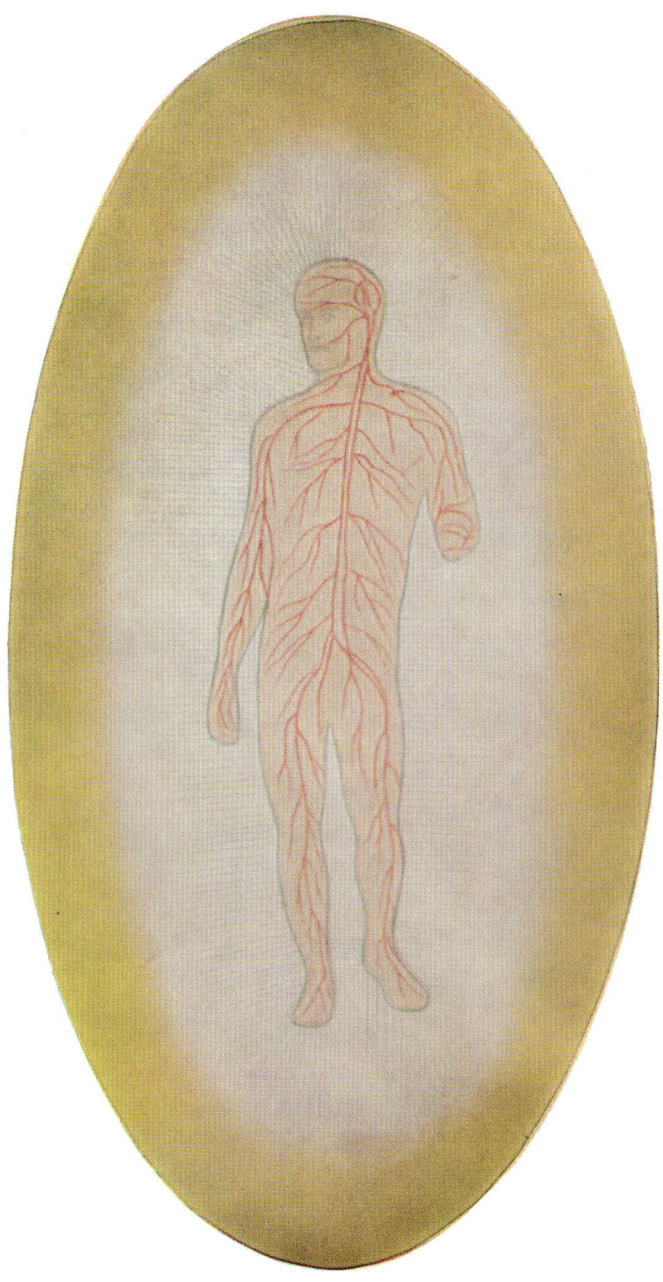

Abbildung XXIV

Abbildung XXV

Die Astralwelt

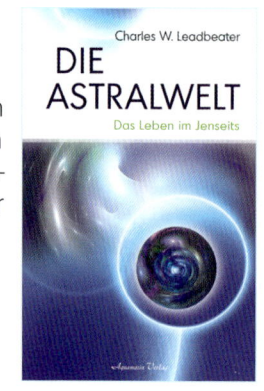

Charles W. Leadbeater hat wie kein anderer Geistesforscher die Astralwelt untersucht und jene Wesen beobachtet und charakterisiert, die jenes Reich bewohnen, in das jeder Mensch nach dem Ablegen seiner körperlichen Hülle als erstes eintritt. Er schildert in allen Einzelheiten die Aufbauten und die Beschaffenheit der astralen Reiche und macht so eine Welt transparent, die zu kennen für jeden Menschen von großer geistiger Bedeutung ist.

Leadbeater beschreibt nicht nur Wesen und Welten, sondern erklärt auch die Gesetzmäßigkeiten jener Sphäre, die nur eine „Stufe" über der Menschenwelt liegt. Dadurch wird beispielweise deutlich, welche Prozesse Verstorbene unmittelbar nach ihrem Tod durchleben; es wird nachvollziehbar, wie Gefühle und Emotionen eine eigene Welt formen; und es wird verständlich, auf welche Weise jenseitige Wesen Kontakt zur Erdenwelt aufzunehmen vermögen, um Botschaften zu vermitteln. Damit wird erkennbar, auf welche Weise der Kontakt zwischen Diesseits und Jenseits funktioniert – oder aufgrund der geistigen Gesetze nicht funktionieren kann.

Der bis zum heutigen Tag noch immer beste „Reiseführer" durch die jenseitigen Welten! Eines der unsterblichen Meisterwerke des wohl bedeutendsten Hellsehers der Neuzeit!
ISBN: 978-3-89427-461-0

Die Mentalwelt

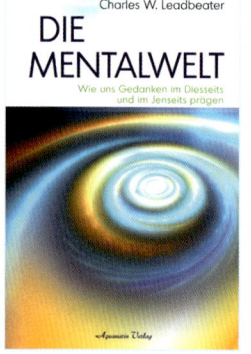

Ein Meisterschlüssel zum Verständnis der Gedanken und ihrer Auswirkungen und ein einzigartiger „Reiseführer" durch die höhere Geisteswelt, wie es kaum einen vergleichbaren gibt!
ISBN: 978-3-89427-482-5

Hellsehen

Viele Menschen haben noch immer etwas verworrene Vorstellungen von der Fähigkeit des „Hellsehens". Sie verbinden damit merkwürdige okkulte Praktiken oder gebückte alte Frauen mit einem schwarzen Raben auf der Schulter.

Charles W. Leadbeater, einer der bedeutendsten Geistesforscher des 20. Jahrhunderts und mit außerordentlichen seherischen Fähigkeiten ausgestattet, korrigiert alle diese irrigen Vorurteile. Er analysiert zuerst grundsätzlich die seherische Begabung, um dann im Detail die unterschiedlichen Aspekte des Hellsehens zu beschreiben. Dabei wird deutlich, inwiefern sich etwa bewusstes von unbewusstem Hellsehen unterscheidet oder was „Hellsehen im Raum" im Gegensatz zu „Hellsehen in der Zeit" charakterisiert. Die zurzeit wohl klarste Studie über eine Fähigkeit des menschlichen Bewusstseins, die gegenwärtig erst wenigen Erwachten zu eigen ist, aber eines Tages Erbe der ganzen Menschheit sein wird.
ISBN: 978-3-89427-536-5

Die Chakras

Vollständig überarbeitete Neuausgabe!
C.W. Leadbeater zählt ohne Zweifel zu den
größten Hellsehern und Eingeweihten der
Neuzeit. Sein großes Meisterwerk über die
Chakras ist jetzt in einer neuen, erweiter-
ten Ausgabe wieder lieferbar. Die gesamte
esoterische Bewegung des 20. Jahrhunderts
schöpfte in erheblichem Maße aus diesem
Klassiker der spirituellen Literatur, der auch
heute, am Beginn eines neuen Jahrtausends,
nichts von seiner geistigen Größe und Strahl-
kraft eingebüßt hat. Wenn viele moderne Au-
toren längst in der Vergessenheit versunken
sein werden, wird noch immer in den Buch-
handlungen aller Länder ein Platz reserviert
sein für die großen Meisterwerke von Charles
W. Leadbeater!
ISBN: 978-3-89427-667-6

Gedankenformen

Als Leadbeater seine große Forschungsarbeit
über die Wirkungskraft von Gedanken veröf-
fentlichte, wussten weite Kreise noch nicht
viel von „positivem Denken" oder „Gedan-
kenschulung". Inzwischen wird immer mehr
Menschen bewusst, welche Bedeutung ihren
Gedanken zukommt und welche Kräfte sie
damit freizusetzen vermögen.
Da die wenigsten Menschen die Fähigkeit
besitzen, die Auswirkungen ihrer Gedanken „als Form" wahrzunehmen, öffnet ihnen
Leadbeaters Buch die Tür zu einer anderen
Wirklichkeit. In seinem bahnbrechenden Buch
zeigt er nicht nur die Möglichkeiten positiven
Denkens auf, sondern er schildert, anhand
großformatiger Farbtafeln, wie eine Gedankenform im Detail entsteht, wie sie aussieht
und welche Wirkung sie auf den Aussender
und den Empfänger hat.

Nach der Lektüre dieses Meisterwerkes wird niemand
mehr leichtfertig mit seinen Gedanken umgehen. Gedanken werden sichtbar und entschlüsseln ihr Kraftpotenzial.
ISBN: 978-3-89427-289-9